Hanael Buch mit Seele

Seelenspiegel

Erweiterte Neuauflage als 5. Ausgabe
von *Intuitives Reiki nach Sensei Mikaomi Usui*
DER 1. GRAD, die kosmische Muttersprache
ISBN 978-3-9500745-1-2

Produktionsunterstützung: Thomas Bleimuth
Fotos: Cordula Kolland
Cover-Foto „Garten des *Castello di Miramare*" - Kathrin Bleimuth
Druck: Tschechische Republik

ISBN 978-3-902383-25-9

KARIN E. J. KOLLAND

intuitives Reiki

NACH USUI SENSEI
DER 1. GRAD

Gesundheit aus deiner Hand

Hanael Buch mit Seele

Inhaltsverzeichnis

Gewidmet in Liebe, in großer Verbundenheit
und mit Freude all jenen Menschen,
die inmitten des Trubels unserer Welt
sich tagtäglich daran erinnern, wer sie wirklich sind!

Danke allen Freunden des Lichts,
die bei der Herstellung dieses Buches mitgeholfen haben.

Vorwort

Gesundheit, Harmonie, Fitness und jung bleiben, wer will das nicht? Wir alle sehnen uns danach, das Leben intensiv und warm in unseren Adern zu spüren, wir wollen uns frei bewegen, wollen die Schönheit der Natur erkunden, wollen das Prickeln des Lachens spüren, die Freude in den Tag malen und die Nacht in die Zärtlichkeit wiegen. Wir wollen den Geist trainieren, im Gipfelsturm fantastische Abenteuer mit beflügelten Sinnen erleben und wollen in die Stille lauschen, um aus ihr den göttlichen Klang der kosmischen Philharmonie zu schöpfen. Kurzum: Wir wollen leben! Das Leben spüren mit Haut und Haar, mit Herz und Hirn. Dieses Ja zum Leben erweckt die Liebe in uns, die Sehnsucht wiedergeliebt zu werden mit dem Wunsch, dass unser Leben weitergeht, immer und ewig und mit dem Wunsch, dass wir das, was wir erleben, auch weitergeben können, in Werken und Taten, als unsere Berufung, als unser Ziel und unser Ideal. Die meisten Menschen wollen, dass das Leben in ihnen neues Leben entstehen lässt. Sie wollen, dass die Liebe so groß und mächtig ist, dass Zeugung und Empfängnis zur edelsten Essenz verschmelzen, damit das Wunder eines Kindes in Erscheinung treten kann. Menschen wollen Reichtum und Fülle, Genuss und Freude, sie suchen immer wieder neue Herausforderungen und brauchen doch Ruhe, Sicherheit, Geborgenheit und vor allem Nähe. Denn was, um alles in der Welt, ist die schönste Freude wert, wenn du sie nicht mit einem geliebten Menschen teilen kannst? Was bedeutet der größte Erfolg, wenn niemand da ist, um dir zu gratulieren? Das Wagnis Leben wird zum Wunder Leben, wenn du dich selbst in der Einheit des „All-Seins“ erkennst. Dann wird das Abenteuer deiner Erfahrung zur Erkenntnis und zur Weisheit. Die Sehnsucht deines Herzens wird zum Gral, der deine tiefsten Gefühle aufzunehmen bereit ist.

Bist du bereit, für das Wunder deines Lebens?
Bist du bereit, gesund, glücklich und erfüllt zu leben?
Bist du bereit für Reiki?

Meditation

霊気

Tief im Zentrum meines Wesens

gibt es eine unendliche Quelle der Liebe.

Meine Liebe erfüllt meinen ganzen Körper, mein Wesen, mein Herz und mein Bewusstsein. Jetzt lasse ich meine unendliche Liebe strömen. Ich öffne mein Herz und all meine Liebe strahlt von mir aus in alle Richtungen. Sie umhüllt und durchdringt alle Wesen dieser Erde, des Wassers und der Luft. Sie berührt alle Menschen zärtlich in ihren Herzen. Meine Liebe verbindet mich mit der Weisheit des Kosmos, sie verbindet mich mit den Engelwelten und den aufgestiegenen Meistern und wird von deren Liebe gespeist. Überreich fließt alle Liebe zu mir zurück.

In der Unendlichkeit des Lebens, dort wo ich bin, ist alles ganz und vollständig.

Ich bin eins mit der unendlichen Macht

der göttlichen Liebe.

Universelle Lebensenergie

Lebensenergie ist der geheime Motor unseres Lebens. Religion, Mystik, Esoterik, Naturwissenschaften, Medizin, Biologie – ja viele Wissensbereiche haben sich eingehend mit dem großen Geheimnis der Lebensenergie beschäftigt. Die Bücher, die geschrieben wurden, wiegen schwer, die Ansichten verändern sich im Laufe der Zeit beständig und diese Beständigkeit der Veränderung ist vielleicht das Einzige, was wir wirklich beweisen können. Alles andere sind Denkmodelle, die wir benutzen, um uns selbst in unserer Lebendigkeit verstehen zu lernen. Auch die Reiki-Lehre ist ein Denkmodell, das anleitet, mit der universellen Lebensenergie eigene und individuelle Erfahrungen zu machen.

Im Reiki-Denkmodell gibt es dich selbst, als lebendiges Wesen, durchströmt von lebendiger Energie.

Im Reiki-Denkmodell gibt es weiters alles, was dich umgibt – deine Mitwelt, deine Umwelt, im weitesten Sinne den ganzen Kosmos, das gesamte Universum mit vielen lebendigen Wesenheiten, die dir gleichen, die dir ähnlich sind oder vielleicht auch ganz unterschiedlich und völlig anders sind als du. Auch hier finden wir Energie, universelle Lebensenergie, die die subatomaren Teilchen bewegt und ordnet, die Planeten am Himmel hält und ebenfalls bewegt und die vielen Zell-Abläufe in Stein, Pflanze, Tier und Mensch koordiniert. Leben ist ohne Energie nicht möglich.

Wachstum ist ohne Energie nicht möglich. Materie ist ohne Energie nicht möglich. Jede Form, die ihrer energetischen Essenz beraubt wird, zerfällt in ihre Einzelteile. Daher wollen wir zuerst dieses Geheimnis Energie, universelle Lebensenergie, betrachten. Wie immer wir Energie zu erfahren versuchen, ein Aspekt wird sich uns immer sehr schnell zeigen: der Rhythmus! Jede Art von Energie folgt einem Wechselspiel:

Einatmen – Ausatmen
Ebbe – Flut
Bewegung – Ruhe

Dieser Rhythmus in der Energie erzeugt Räume, die wir dann zu unterscheiden lernen.

Einatmen – Innenraum
Ausatmen – Außenraum
Ebbe: Bewegung zum Innenraum hin
Flut: Bewegung zum Außenraum hin
Bewegung: Erkundung des Außenraumes
Ruhe: Erkundung des Innenraumes

Dieser Rhythmus in der Energie bedingt auch Zeit im Raum. Einatmen braucht eine bestimmte Zeit. Ausatmen braucht auch eine bestimmte Zeit. Ebbe und Flut brauchen eine bestimmte Zeit, Bewegung und Ruhe brauchen eine bestimmte Zeit.

Auf unseren menschlichen Organismus bezogen wissen wir, dass ein Ungleichgewicht von Einatmen und Ausatmen, von Bewegung und Ruhe schwere Störungen hervorrufen kann. Einatmen und Ausatmen müssen zueinander in einem harmonischen Verhältnis schwingen, damit wir uns wohl fühlen und gesund bleiben. Bewegung und Ruhe müssen ebenfalls in einem harmonischen Verhältnis zueinander stehen, damit wir gesund und fit sind. Dieses Verhältnis ist aber von Mensch zu Mensch verschieden, es ist individuell. Ein Mensch braucht vielleicht sehr viel Ruhe, um sich dann aktiv und effizient zu bewegen. Ein anderer braucht nur kurze Ruhephasen und kontinuierliche Bewegungsabläufe, um leistungsfähig zu sein und ein Dritter braucht vielleicht viele kurze Ruhepausen zwischen langen Bewegungsabläufen. Unsere Gesellschaft lässt aber dem einzelnen Menschen wenig Freiraum für individuelle Bewegungsabläufe. Die beruflichen Anforderungen zwingen uns einen Rhythmus auf, der möglicherweise unserem eigenen Grundrhythmus nicht entspricht. Es kommt zu einer Überlagerung und wir verlernen, auf unseren eigenen Rhythmus zu hören. Der uns eigene Rhythmus ist aber der Motor für alle lebendigen Funktionen in unserem Körper. Unser eigener Rhythmus ist der Motor für unser Herz, unseren Puls und die Zirkulation des Blutes. Damit verbunden sind unsere Atmung, die Sauerstoffaufnahme und das Ausatmen verbrauchter und toxischer Substanzen. Herz (Kreislauf) und Atmung bestimmen wesentlich über alle lebenswichtigen Funktionen in unserem Organismus. Unser Körper ist ein Wunderwerk an Technik, Chemie und Physik. Die Schaltzentrale für alle lebenswichtigen Funktionen ist in unserem Gehirn. Vom Gehirn gehen die elektromagnetischen Impulse in die Nervenbahnen und steuern alle Körperfunktionen:

Ernährung, Verdauung, Stoffwechselprozesse, Energieaufbau, Bewegungsabläufe, Wachstum, Sinneswahrnehmungen, Zellteilung usw.

Unser Körper funktioniert eigentlich ganz von allein. Du musst nicht denken, „jetzt muss ich einatmen“, „jetzt ausatmen“, „jetzt die Muskel anspannen um den Wadenmuskel zu straffen und jetzt das Kniegelenk beugen“, damit du atmen oder einen Schritt tun kannst. Wahrheit ist, wenn du bewusst alle Befehle an deine Nerven, Muskeln, Sehnen, Kreislauf und Stoffwechsel geben müsstest, um einen einzigen Schritt tun zu können, du kämst im Jahr nicht einmal über einen Kilometer Wegstrecke hinaus.

Dennoch hast du die Wahl und die Möglichkeit, deine Atmung auch bewusst zu steuern. Du musst nicht bewusst atmen, aber von Zeit zu Zeit kannst du und solltest du bewusst atmen!

Warum?

Ganz einfach, weil dein unbewusster Atemrhythmus sich an die Anforderungen des Alltags in der Familie, der Gesellschaft, des Beruf usw. angepasst hat. Durch bewusstes Atmen lockerst du diese unbewusste Anpassung und befreist sozusagen deinen Atem und gibst ihm die Erlaubnis, seinen ureigensten Rhythmus wiederzufinden.

Übung:

Atme gleich jetzt ein paar Mal ganz bewusst durch.

Setze oder stelle dich entspannt hin, atme langsam

und tief aus, bis alle Luft draußen ist und lasse dann den Atem von alleine in dich einfließen, bis du völlig aufgefüllt bist, halte kurz an und lasse die Luft in deinem natürlichen Rhythmus wieder ausströmen. Je mehr du dich dabei entspannst, umso mehr kann dein Atem seinen dir eigenen Rhythmus von Ausatmen und Einatmen wiederfinden.

Diese Erfahrung wollen wir uns merken!
Es atmet mich ohne mein Zutun!
Aber ich kann auch bewusst meine Atmung steuern!

Das gleiche Prinzip finden wir bei allen Bewegungsabläufen. Du gehst ganz automatisch, ohne bewusste Befehle an deine Muskeln zu geben. Du kannst aber auch ganz bewusst Befehle an deine Muskeln geben und so die Bewegungsabläufe steuern. Ein Sportler, der von seinem Körper eine überdurchschnittliche Bewegungsleistung erwartet, wird sich diese Erkenntnis zugute machen und mittels „Mentaltraining" die Beweglichkeit seiner Muskeln stärken, steuern und fördern. Mentaltraining ist nichts anderes, als bewusste Aufmerksamkeit auf Körperprozesse zu lenken und sie willentlich zu steuern und zu regulieren. Wir werden bewusst der Chef in unserer bislang unbewussten Schaltzelle im Gehirn.

Wenn wir diese Überlegungen anstellen, dann kommen wir zu der Erkenntnis, dass es in uns immer eine aktive Schaltstelle im Gehirn gibt, die sämtliche Körperkoordinationen und Funktionen steuert. Die Frage ist nur, wer an den Hebeln deines (Un-) Bewusstseins sitzt? Du selbst, Gott, oder die Tante Juli, die dir immer eingetrichtert hat, nicht so laut auszuschnaufen, weil es unschicklich sei?

So ist es auch mit unserer Lebensenergie. Sie wird uns mit der Geburt geschenkt und wir tun den ersten Atemzug völlig unbewusst. Am Ende unseres Lebens tun wir den letzten Atemzug und ob dieser bewusst oder unbewusst geschieht, als Zwang oder als Gnade und Freiheit empfunden wird, kommt darauf an, wie erwacht, bewusst und selbstbestimmt wir uns in unserem schöpferischen Menschsein entwickelt haben.

Du musst dich nicht um deine Lebensenergie kümmern, du kannst und darfst dich aber um deine Lebensenergie kümmern. Ergreifst du diese Chance, deinen freien von Gott gegebenen Willen bewusst einzusetzen, um deine Lebensenergie zu stärken und zu lenken, so stehen dir zwei Wege zur Verfügung:

- Der Weg des Egoismus und somit der Weg nur zum eigenen Nutzen ohne Rücksicht auf andere Lebewesen.
- Oder der Weg, welcher das eigene höchste Wohl, wie auch das höchste Wohl aller anderen und des großen Ganzen, anstrebt.

Energie (Licht) und Bewusstsein ist alles, was es gibt!

Reiki ist Energie, ist Lebensenergie, und Reiki ist geistiges Licht aus der Urquelle: Gott. Gott repräsentiert höchste Bewusstheit und Intelligenz. Du selbst bist eine Schöpfung des Lichtes, ein Kind Gottes. Alles um uns ist in seinem Ursprung eine Schöpfung des geistigen Lichtes.

Was wir sind, ist Gottes Geschenk an uns! Aber was wir werden, ist unser Geschenk an Gott.

Reiki ist Energie

Wir alle wissen, wie es sich anfühlt, wenn wir frisch und munter sind, voller Elan und energiegeladen unsere Schritte in die Welt setzen. Wir alle kennen aber auch das Gefühl, wenn unsere Batterie ausgeleert ist: Müdigkeit, Antriebslosigkeit, jedes Wort, das wir sagen müssen, klebt an der Zunge und will nicht heraus, die Glieder sind bleiern lahm und wir schleppen uns gerade so dahin, nur die Disziplin hilft uns und der eiserne Wille, damit unser Tagewerk getan werden kann. Wer so ausgepumpt ist, läuft Gefahr, in eine Depression zu rutschen oder krank zu werden. Krankheiten können sich in unsere Zellen und unseren Organismus einschleichen, wenn wir energetisch unterversorgt sind. Reiki ist natürliche Lebensenergie. Eigentlich ist uns die Lebensenergie von Geburt an mitgegeben, doch in einem Reiki-Seminar können wir lernen, diese unsere natürliche Energie wieder bewusst anzuwenden und für unser Wohlbefinden zu nutzen.

Reiki stärkt unsere guten und natürlichen Eigenschaften.

Reiki versorgt uns mit frischer Energie, körperlich, geistig und psychisch.

Reiki gibt uns Antriebskraft, Mut und Elan.

Reiki ist eine Energie, die verbindet, unterstützt und alles zusammenhält, was zusammengehört. Diese verbindende Energie unterstützt alle Zellabläufe, fördert unseren Stoffwechsel und ermöglicht bessere Kommunikation unserer Zellen untereinander und unserer Organe mit unserem Gehirn. Wir spüren dies als Aktivierung unserer Selbstheilungskraft. Es ist nichts Fremdes, nein, es ist unser eigenes in uns schlummerndes Potential, das wir bewusst aktivieren. Ich glaube, unser Körper wartet schon lange darauf, dass wir ihn durch die liebevolle Aufmerksamkeit des Handauflegens in seiner wunderbaren und für uns so selbstverständlichen Funktionstüchtigkeit nun auch dankbar wahrnehmen als das, was er ist: ein Wunder! Das Wunder Leben!

Viele meiner Schüler berichteten mir, dass es ihnen seit der Reiki-Einweihung vorkommt, als seien sie *fester in ihren Körper hineingeschlüpft* und tiefer mit ihm verbunden. Und dieses festere, direktere und auch liebevollere verbunden sein mit dem eigenen Körper macht uns erst zu dem, was wir sein sollen: bewusste, erwachte und gesunde Menschen, die sich darüber freuen, mit ihrem gesunden Körper fit und fröhlich das Abenteuer Leben zu durchwandern.

Kosmische Muttersprache

Die Welt, in die wir als Menschen hineingeboren werden, ist im Gegensatz zu den Tieren, die direkt im Schoß der Mutter Erde landen, die Welt der Hände. Meist sind es die Hände der Hebamme, des Arztes, der Mutter, des Vaters, die uns empfangen. Es sind nicht Worte, sondern Hände, die uns in unseren ersten Weltentagen versorgen. Hände halten und führen uns und wir lernen, uns an diesen Händen zu orientieren. Im Krabbeln und im Tasten erfahren wir uns selbst über unsere Hände. Wir erleben die ersten beruhigenden und Geborgenheit schenkenden Grenzen unserer kleinen Welt. Da, wo keine schützenden Hände sind, erfahren wir die ersten harten Schläge und den Schmerz.

Die erste Muttersprache, die wir erleben, für alle gleich, egal ob in Afrika, Amerika, in Japan oder hier in Österreich, ist die Sprache und die Welt der Hände. Hände, die uns halten, die uns wickeln, die uns streicheln, die uns füttern, uns beruhigen, die uns führen, die uns Geborgenheit und Sicherheit schenken. Es ist die Energie, die Sprache der Hände, die uns belehrt. Manchmal erleben wir die Hände weich, sanft und nachgiebig, manchmal erleben wir einen festen Griff, streng und richtungsweisend, ernten gar ein hartes Stopp, ein Nein. Manchmal erfahren wir auch Unsicherheit oder Nervosität aus diesen Händen. Wir erfahren Behutsamkeit, Zärtlichkeit und Schutz.

Eine Vielzahl von Erfahrungen und Eindrücken wird uns als

kleines Menschenwesen durch Hände beschert, lange bevor unsere anderen Sinne, wie Sehen und Hören, so weit entwickelt sind, dass wir uns an ihnen orientieren können. Und doch geht es schnell voran mit unserem Wachstum, unserem Begreifen, mit unseren Wandlungen.

Erinnern wir uns an unsere Kindheit, dann wissen wir, wie subjektiv, wie wandelbar unsere Welt ist. Die Welt bleibt immer subjektiv und wandelbar, weil alles, was wir von dieser Welt wahrnehmen können , von unseren subjektiven physischen, psychischen und geistigen Möglichkeiten abhängig ist. Ein Blinder wird die Welt anders wahrnehmen als ein Sehender, ein Tauber anders als einer, der hört, ein Gelähmter anders als einer, der sich bewegen kann. Wir werden größer und lernen über die engen Grenzen der eigenen kleinen Welt hinauszusehen und machen uns auf die Reise, die Welt als Ganzes, den Kosmos, das Universum zu erkunden. Wir wandern über Berge und durch Täler, segeln über Meere, fliegen über Kontinente, bestaunen das sternübersäte nächtliche Firmament, wir studieren mit rauchenden Köpfen die kleinsten Zellbausteine unterm Mikroskop, wir rechnen und kalkulieren. Wir setzen das Kleine in Verbindung zum Großen, versuchen, das Lebendige vom Toten zu unterscheiden, wir entdecken den Gleichklang von Innen und Außen, wir suchen nach dem Anfang und finden kein Ende. Wir erkennen, dass unsere subjektive Betrachtung der Welt, des Weltalls, uns mit einer tatsächlich unbegreiflichen Weite in Verbindung bringt und es uns in einem Menschenleben unmöglich ist, auch nur einen Teil der kosmischen Vielfalt und Gesetzmäßigkeit zu studieren.

Menschen fühlen sich durch die Vielfalt des Lebens manchmal überfordert. Sie können das Ganze nicht mehr überblicken und verlieren Halt und Vertrauen. Manche werden ängstlich und misstrauisch, der Zweifel regiert ihr Leben. Um dem Chaos zu entfliehen, suchen sie Halt an Stützmauern: Existentialismus, Materialismus, Kapitalismus, Dogmatismus, Perfektionismus. Und viele Regeln und Gesetze werden errichtet, Stützmauern und Dämme, um die Bedrohung der unkontrollierbaren Flut der Vielfalt zurückzuhalten. Mögen uns zwar diese Gesetze als Stützmauern durchaus so manchen Dienst erweisen, heißt es doch sehr achtsam zu sein. Denn werden aus Stützmauern Trennmauern, dann werden aus Leitbildern Leidbilder und schlagen um in Dogmatismus, Fatalismus, Kriminalismus, Masochismus und subtile oft auch unbewusste Zerstörung. Der Geist wird krank, die Psyche wird krank, der Körper wird krank. Der Halt ist verloren und das Außen wird zur Bedrohung, die Welt ist nicht mehr okay, die Flucht beginnt. Der Kampf beginnt.

Manchmal können wir die Welt nicht mehr begreifen als etwas, DAS IST, WAS ES IST, unabhängig von unserer subjektiven Kenntnisnahme, Bewertung und Beurteilung. Denn wir sind weit weggeglitten von der Sicherheit unserer ersten Muttersprache: der Sprache der Hände.

Muttersprache,
Sprache der Hände,
sanft, zärtlich, mitfühlend, heilend, Reiki

Reiki, die *„energetische Sprache"* unserer eigenen Hände, verbindet uns wieder mit dem heiligen Urwissen in uns. Wir lernen zu erkennen, dass die große Gottheit uns erschaffen hat, voller Liebe. Wir sind also gut, so wie wir sind! Sind vorbereitet worden von Urbeginn, mit aller Weisheit in uns selbst, uns selbst zu entdecken, unsere Erfahrungen zu machen und zu wachsen. Wir entwickeln uns. Und in dieser Entwicklung ist jedes Stadium wichtig. In Zeiten der Krise hilft Reiki, uns daran zu erinnern, wer wir wirklich sind, nämlich Gottes geliebte Kinder auf dem Weg zu ewigem Leben und zur Glückseligkeit.

Durch die Risse des Glaubens
schimmert das Nichts.
Doch schon der Kiesel
nimmt die Wärme an
der Hand.

Reiner Kunze;
Möglichkeit, einen Sinn zu finden.

Be-HAND-lung

Die erste Sprache, die wir als Menschen erleben,
ist die Sprache der Hände.

Durch jede Hand fließt Lebensenergie.
Lebensenergie ist Energie aus jener Quelle,
aus der alles Leben entspringt.

In unserer deutschen Muttersprache verweist das Wort
be-hand-eln
auf die Heilkraft der Hände.

Diese Heilkraft
- der Japaner Usui Sensei hat sie für uns wiederentdeckt -
ist in uns und lehrt uns, sie bewusst anzuwenden.
Er nannte dies Reiki,
was „universelle Lebensenergie“ bedeutet.

Reiki, die Praxis der Be-HAND-lung

Wenn du Reiki erlernen willst, so beginnt es damit, die Lebensenergie in deinen Händen zu spüren und diese Energie bewusst zu stärken.

Lass uns dazu gleich eine Übung machen.

Übung:
Setze dich entspannt hin. Atme einige Male bewusst durch. Halte deine Hände vor deiner Brust mit geöffneten Handflächen zueinander in einem Abstand von ca. 30 cm. Bewege nun deine Handflächen zueinander und versuche das Energiefeld zwischen deinen Handflächen wahrzunehmen.

Jeder Mensch (Tier, Pflanze) hat um seinen Körper ein elektromagnetisches Energiefeld. Wir nennen dies Aura. Es ist ein feinstoffliches Kraftfeld, das mit unserem Körper eng verbunden ist. Wenn du deine Hände sehr langsam und aufmerksam zueinander bewegst, dann kannst du es spüren. Es fühlt sich wie ein prickelnder Luftpolster an. Viele glauben, das sei bereits Reiki. Nun, es ist Definitionssache, denn jede Hand verfügt mehr oder weniger über dieses Kraftfeld und jeder Körper ist durchströmt und umgeben von einem Feld pulsierender Lebensenergie. Natürlich können wir sagen, jeder hat bereits „Reiki" in sich. Wir müssen aber verstehen, dass durch die Reikiweinweihungen unser Energiefeld sehr stark mit dem göttlichen Licht durchflutet wird. Menschen, die in Reiki eingeweiht sind erleben meist eine starke Zunahme an Energie in ihren Händen und in ihrem gesamten Energiefeld. Es kann sich richtig heiß anfühlen und Reiki-Praktizierende kennen den Unterschied zwischen einem durchschnittlichen magnetischen Energiefeld und dem durch Reiki-Heilenergie aktivierten Energiefeld. Bei den meisten Menschen ist das eigene Energiefeld nämlich geschwächt oder blockiert. Wir könnten sagen, der eigene Lebensrhythmus ist gestört und überlagert durch die Zwänge und durch Beeinflussungen und Anforderungen unserer Gesellschaft.

Durch die Reiki-Einweihung wird das eigene Energiefeld wieder gestärkt und harmonisiert. Die eigene Energiefrequenz wird freigelegt und rückverbunden an die große kosmische Urquelle des Lebens. Jeder Mensch ist ein einzigartiges, wichtiges und wertvolles Lebewesen. Jeder Mensch hat eine individuelle Seele, eine individuelle Bewusstheit und einen individuellen Körper. Sind die Unterschiede zu anderen Menschen (denke an eineiige Zwillinge) manchmal noch so gering, es gibt keine zwei vollkommen gleichen Wesenheiten. Sogar geklonte Schafe und Stiere unterscheiden sich von ihrem Ursprungsmuttertier in Charakter und Eigenschaften, wenn schon nicht im Aussehen.

Jeder Mensch hat seinen Körper, seine Seele und seinen Geist. Doch auch alle Menschen zusammen haben eine „Seele", sind seelisch vereint in der „Weltenseele". Jeder Mensch hat seinen Geist und somit sein Höheres Selbst. Doch alle Menschen sind vereint im Höheren (Heiligen) Geist, im Christuslicht- Allah- und Buddhabewusstsein, wie es die Hauptreligionen nennen.

Die Weltenseele wieder ist vereint mit der galaktischen Seele, und das Christuslicht-, Allah- und Buddhabewusstsein ist vereint mit dem Gottesbewusstsein, dem All-Bewusstsein.

Es gibt viele Lehren, viele Sichtweisen, Unterteilungen, hierarchische Darstellungen der einzelnen Strahlen des Lichtes und der Bewusstheit. Doch hier wollen wir nicht näher auf spirituelle Lehren der Geschichte eingehen, sondern uns einfach damit begnügen, zu erkennen, dass es sowohl in uns selbst drei „ureigenste" Aspekte gibt als auch in allen anderen.

Körper, Seele, Geist.

Wir wollen erkennen, dass es für das Leben eine Quelle gibt, die für uns alle diegleiche ist, unabhängig davon welcher Religion oder spirituellen Weltsicht wir angehören. Wir nennen sie einfach Urquelle allen Lebens.

Den „ureigensten" Aspekt von Körper, Seele, Geist eines Menschen bezeichnen viele Lehren als „Urklang" oder „Urton" des Menschen. Wissen wir doch, dass Klang Licht erzeugt, so erkennen wir, dass wir einen ureigensten Klang in uns tragen und auch ureigenstes Licht sind. Licht und Klang in ganz bestimmter Frequenz.

Durch eine Reiki-Einweihung werden wir einerseits an unseren eigenen Ur-Klang, unser eigenes Ur-Licht und unsere eigene Frequenz und unseren eigenen Rhythmus rückverbunden und wir werden anderseits auch wieder rückverbunden an die uns allen zugehörige große Urquelle des Lebens. Das heißt Frequenz, Rhythmus und Verbindung zu uns selbst und zur Urquelle (Gott) werden gestärkt. Störungen werden beseitigt und harmonisiert. Doch all dies geschieht nur, wenn wir es tatsächlich wollen!

Die Psychologie spricht von Unterbewusstsein, Überbewusstsein und Tagesbewusstsein. Mit zunehmendem spirituellem Erwachen gibt es nur noch Bewusstheit und Bewusstsein. Sobald der Kanal zum Höheren Bewusstsein (Gott) sich über das individuelle Höhere-Selbst des Menschen öffnet, strömt diese höhere Bewusstheit in alle Erkenntnisprozesse der linken und der rechten Gehirnhälfte ein. Das bewusste Denken und Analysieren und die bewusste intuitive Wahrnehmung werden rückverbunden mit dem inneren Licht und dem inneren Klang in jeder einzelnen Zelle des Menschen. Das Unterbewusstsein wird derart mit dem Tagesbewusstsein und dem höheren Bewusstsein verbunden, dass es jederzeit möglich ist, Informationen daraus abzurufen und die Kraft des Unterbewusstseins zu nutzen. Wie bei einem Computer immer der ganze Speicher zur Verfügung steht, wenn wir wissen, wie wir ein bestimmtes Programm hochfahren und dann am Bildschirm bearbeiten können, so können wir auch auf unsere im Unterbewusstsein abgespeicherten Programme zugreifen, sie hochfahren, bearbeiten, verändern und nutzen. Durch Reiki und Meditation lernen wir auch die einzelnen Bereiche unseres Bewusstseins zu erforschen und können unsere Bewusstheit mehr und mehr in Richtung Höheres Bewusstsein erweitern. Es geht nicht von heute auf morgen, es braucht Zeit und Übung, doch nach und nach stehen uns alle Informationen frei zur Verfügung und die mentale Steuerung kann als Selbstheilungskraft mehr und mehr eingesetzt werden. Reiki liefert uns die Energie und auch die Informationen, die wir brauchen, um bewusste Schritte in Richtung Selbstheilung setzen zu können.

Die Reiki-Energie erfahren wir zunächst aus unseren eigenen Händen. Durch die Einweihungen in Reiki wird diese Energie verstärkt, da unsere Energiekanäle gereinigt werden und mit unserem göttlichen Licht und unserem göttlichen Urklang in unserem Herzen und in all unseren Zellen genauso rückverbunden werden wie mit der „Großen Göttlichen Quelle“.

Erinnere dich, wer du bist!

Als ich in den ersten Reiki-Grad eingeweiht wurde, hatte ich noch keine Vorstellung von der tiefen Erfahrung, die ich mit meinen Händen machen würde. Aber ich erinnere mich noch genau an die schnell in mir vorbeiziehenden Bilder, die mein Herz bewegten, als ich da mit heißen Händen am Boden inmitten des Seminarraumes lag, kuschelig eingehüllt in meine Decke. Ich erinnere mich noch genau: Eine Hand hatte ich auf meinem Bauch und eine auf meiner Brust über dem Herzzentrum. Es waren meine Hände, die mich horchen ließen; hineinhorchen in Erinnerungen, die wohl in jeder einzelnen Körperzelle gespeichert waren. Erinnerungen, die nun, bewegten Bildern gleich, in mir erwachten, sich erhoben und an meinem geistigen Auge vorüberzogen.

Den Daumen fest umklammert, ruhte meine kleine Babyhand eingebettet in die Wärme der Hand meiner Mutter allabendlich bis ich eingeschlafen war. Ich sah und fühlte die Hand meiner kleinen Schwester in meiner Hand, gemeinsam über die Wiese springend. Die Hand meiner ersten Jugendliebe scheu und zaghaft. Die Hand einer Krankenschwester mich stützend nach der Blinddarmoperation. Sah Männerhände fordernd und begehrend, denen ich entfloh. Und ich sah und fühlte meines Vaters Hand, kameradschaftlich, mich durch den Wald geleitend. Ich sah und fühlte, wie meine Hände sich veränderten. Aus feinen, schlanken und zarten Mädchenhänden wurden kräftige Frauenhände, die zupacken konnten, die harte Arbeit gewöhnt waren. Ich erinnerte mich an mein Leben. Ich erinnerte mich an meine Realität, an die Tiefe und Lebendigkeit meiner Vergangenheit.

Ich erkannte die Ganzheit und Einheit der Realität. Es war, als erweckte die Energie, die nun aus meinen Händen in meinen Körper einströmte, diesen Körper und alles, was er erlebt hatte zu vollem Bewusstsein. Eine Wahrnehmung, klar und unverhüllt. Eine neue Lebendigkeit durchströmte mich und hob mich heraus aus meinem verschwommenen Lebenstraum in die Frische und Natürlichkeit, die Klarheit des Erwachtseins. Mein Gefühl war, endlich gefunden zu haben, was ich so lange suchte: mein geistiges Zuhause.

Ich fühlte, wie meine Hände meinem Körper, mir, meinem ganzen Wesen stark und deutlich den Impuls gaben:

Erinnere dich! Erinnere dich, wer du wirklich bist!

Obwohl ich es damals noch nicht begreifen konnte, weiß ich heute, dass ich in jener ersten Viertelstunde mit meinen Reiki-Händen die intuitive Muttersprache der kosmischen Wahrheit wiederfand. Und mit dieser erinnerte ich mich an die Weisheit, die Ordnung und an die Heimat, aus der ich komme und in der ich geborgen bin. Ich hatte das Gefühl, nun daheimzu sein! Damit begannen sich die ersten Schleier zu heben, die mir den Zugang zu meinem eigenen inneren Wissen verborgen gehalten hatten. Ich erwachte in meiner natürlichen Spiritualität.

Damals wusste ich noch nichts über die Reiki-Geschichte, die Reiki-Lehre von Usui, Hayashi und Takata. Wusste nichts über die Ursprünge dieser Lehre im Buddhismus, Taoismus und Shintuismus. Wusste nichts über die Qi-Gong-Techniken des tibetischen Reikiursprungs, die Gassho-Meditation, Reiji-Ho oder Byosen-Techniken, wie sie später von einigen Reiki-Meistern anderer Schulen gelehrt wurden. Was ich durch die Einweihung erlebte, war eine weite Öffnung und ein direkter Zugang zu meiner natürlichen Spiritualität.

Du bist es,
die oder der die Sonne sehen soll.
Du bist es,
die oder der sich selbst erkennen soll.
Du bist es,
die oder der das Wunder
der Selbsterkenntnis erleben soll.

Deine Erinnerungen, lieber Leser, liebe Leserin, sind andere Erinnerungen als meine, deine Erfahrungen sind andere Erfahrungen als meine, dein Wissen mag anders sein als meines. Jedoch in deinen Zellen liegt die Wahrheit, das Urwissen, ebenso eingebettet wie in meinen Zellen. Und welche Erfahrungen du oder ich oder ein anderer auch gemacht hat, das gleiche kosmische Gesetz, die gleiche Ordnung, der gleiche Urgrund nährt uns. Denn wir alle sind Kinder des selben kosmischen *„Mutter und Vater Prinzips"*, Gott. Jeder einzelne ist wichtig, wertvoll und einzigartig, auch wenn unser Zugang zu Reiki unterschiedlich sein mag.

ICH BIN

Erinnere dich!
Erinnere dich, wer du wirklich bist!

Du bist ein Kind Gottes,
ein Kind der gleichen
kosmischen „Mutter und Vater Gottheit."

Du bist ein Teil des Ganzen!
Du bist wichtig, wertvoll und einzigartig!

Reiki kommt zu dir

Nicht du kommst zu Reiki, sondern Reiki kommt zu dir! Dann, wenn die Zeit reif ist und ein Impuls dich erreicht! Vielleicht ist es eine Freundin, die dir von Reiki erzählt, ein Freund, der dir die Hände auflegt. Vielleicht ist es ein Buch über Reiki, das dir in die Hand fällt, ein Vortrag, ein Artikel. Beginnst du dich für Reiki zu interessieren, so kommt als nächster Schritt die Auswahl deiner Reiki-Meisterin oder deines Reiki-Meisters auf dich zu. (Im folgenden Text werde ich manchmal die weibliche und manchmal die männliche Form ansprechen, um beiden Geschlechtern gerecht zu werden.) Ob du nun bewusst suchst, spontan reagierst oder eher irgendwo, bei irgendwem in ein Seminar hineinstolperst, wird sich zeigen. Wichtig ist, dass du zu erkennen beginnst, dass du genau dort hinkommst, wo es für dich die beste Lernmöglichkeit gibt. Denn es liegt in der kosmischen Gesetzmäßigkeit von Ursache, Wirkung und Resonanz, dass deine Schwingung in persönlichen Bezug steht zu allen Ereignissen in deinem Leben. Vertraue auf dein Gefühl, auf deine Intuition, sei wach und wachsam, dann wirst du einen liebevollen und guten Reiki-Lehrer finden. Was jedoch noch viel wichtiger ist als der Lehrer, ist Reiki selbst! Aus deiner eigenen Erfahrung mit Reiki kannst du am meisten lernen. Die Technik ist dabei nicht das Wichtigste! Wichtig ist es, dich für Reiki wirklich zu öffnen, die Energie aufzunehmen, dich regelmäßig zu behandeln und ehrlich bereit zu sein, immer wieder aus deinen Lebenserfahrungen zu lernen.

Licht

Nicht du kommst zu Reiki, sondern Reiki kommt zu dir!

Das kosmische Gesetz
ist, was es ist.

Was immer in unserem Leben geschieht,
wann und wo wir geboren wurden,
wohin wir kommen, wem wir begegnen,
ist Offenbarung dieses Gesetzes.
Da wir aktiv mitwirken im großen Ganzen
hat jedes Ereignis etwas mit uns zu tun.

DAS, WAS IST,
zeigt uns, was wir zu lernen haben.

Reiki-Einweihung

Die Einweihung ist eine heilige Zeremonie. Durch die Einweihung wird die Verbindung mit dem göttlichen Geist hergestellt, wir werden auf den göttlichen Geist eingestimmt. So wie man sich mit einer Stimmgabel auf den richtigen Ton einstimmt, stimmen wir uns ein auf das Licht, die Schwingung, die Sprache Gottes. Eigentlich ist das Leben, das ganze Leben, von Minute zu Minute, von Sekunde zu Sekunde eine Einweihung. Das bedeutet, dass es in jedem Moment eine Wahrheit, einen ganz speziellen Blickpunkt, einen Blickwinkel gibt, der als solcher wieder vergeht, der es uns aber ermöglicht, in Verbindung mit der ewigen Wahrheit des kosmischen Prinzips zu sein und zu bleiben. Wir bemerken im alltäglichen Leben die Einweihungen oft nicht! Oder hoffnungsvoller ausgedrückt: noch nicht! Eine Einweihung, eine Weihe, ist daher immer eine Zeremonie, die höheres Bewusstsein weckt. Ein Ritual der Segnung, in dem wir geheiligt und in den göttlichen Dienst gestellt werden. Wir werden eingestellt wie ein Radiosender, um die heilende Schwingung, die Frequenz und den Klang des Urlichts mit seiner Botschaft aus dem göttlichen Kanal empfangen zu können. Indem wir die Einweihung annehmen, haben wir die Chance, etwas aus dieser Urquelle tatsächlich aufzunehmen und in unser Leben einzubringen. Jetzt sind wir verbunden mit Gott und der Großen Göttin, mit dem Licht und mit göttlicher Liebe. Wir beginnen, indem wir unsere kosmische Muttersprache wieder verstehen lernen, dem göttlichen Geist zu dienen und die Kommunion anzunehmen.

Die vier Einweihungen, die wir im ersten Reiki-Grad erfahren, sind heilige, ja heilende Zeremonien. Rituale, die uns durch die Hände der Reiki-Meisterin tief mit Reiki verbinden. Ein stilles Geschehen, ein Geschenk, eine sehr große Hilfe.

Was geschieht bei einer Reiki-Einweihung?

Eine Reiki-Einweihung kann nur von einem Reiki-Meister oder einer Reiki-Meisterin gegeben werden, der/die sich selbst bestmöglich auf die göttliche Quelle eingestimmt hat. Es ist kein analytischer oder mentaler Prozess, sondern ein Ritual des Dienens. Reiki wirkt durch die Reiki-Symbole, die im Einweihungsritual aktiviert werden. Es funktioniert allein durch Anrufung, Vertrauen und vollkommene Hingabe und dies bedeutet Demut und Dienen. Je klarer ein Reiki-Lehrer ist, umso reiner und stärker kann die Reiki-Energie fließen. Aber auch die Klarheit des Schülers ist ausschlaggebend. Denn der Schüler kann eben nur so viel Reiki-Energie aufnehmen, wie dies zu seinem höchsten Wohle dient. Der Reiki-Meister sollte nicht versuchen, das Ritual der Einweihung nach eigenen mentalen Programmen zu beeinflussen. Reiki selbst ist höchste Intelligenz und Liebe und kann auch nicht beeinflusst werden. Doch mentale gedankliche Programme, die in Richtung des Schülers abgeschickt und in ihn hineinprojiziert werden, haben auch eine Wirkung. Arbeitet ein Reiki-Meister mit mentalen Programmen, so kommt es zu einer Überlagerung der reinen Reiki-Energie durch diese Programmierungen und der Reiki-Meister muss die volle Verantwortung dafür übernehmen! Aber auch der Schüler selbst muss volle Verantwortung übernehmen, ob er sich für mentale Projektionen öffnet oder nicht. Setzt sich der Schüler in reinem Vertrauen und mit der Bitte um Reiki-Einweihung zu seinem höchsten Wohle und zum höchsten Wohle aller auf den Einweihungshocker, so werden mentale Projektionen von ihm abprallen. Wer reinen Herzens um eine Reiki-Einweihung bittet, steht unter höchstem göttlichen Schutz. Kommt so ein Mensch zu einer Reiki-Meisterin, die noch sehr egoverhaftet ist und glaubt, intelligenter als Reiki zu sein, so wird der Schüler vielleicht im letzten Moment abspringen und eine andere Reiki-Meisterin suchen oder aber sich so beschützt fühlen, dass es ihm nichts ausmacht. Jeder ist immer für sich selbst verantwortlich, sowohl Schüler als auch Lehrer und jeder trägt seinen Teil der Verantwortung selbst.

Die äußere Form eines Einweihungsrituales ist einfach. Es geschieht still und leise. Der Schüler setzt sich auf einen Hocker und schließt die Augen. Der Reiki-Meister steht vor ihm und beginnt mit der Anrufung. Dazu wird innerlich die Zeremonie benutzt die Usui Sensei uns übermittelt hat. Über die Hände überträgt der, Reiki-Meister die Reiki-Energie in die Aura des Einzuweihenden.

Wie Reiki-Einweihungen genau wirken, ist ein großes Mysterium. Es ist ein Sakrament. Eigentlich kann man dazu nicht viel sagen, denn alles beruht auf höchster Liebe und geschieht in reinem Vertrauen und in Hingabe an Gott. In jedem Schüler, der zu mir kommt, sehe ich tief innen bereits den fertigen göttlichen Menschen und Meister seiner selbst. Ich beginne immer mit dem indischen „Namasté", was so vie heißt, wie „Das Göttliche in mir grüßt das Göttliche in dir". In dem Moment, in dem ich dies sage, fallen alle äußeren Dinge ab. Es ist nicht mehr wichtig, wer da vor mir sitzt. In dem Moment sind alle Menschen gleich, gleich göttlich, egal, wie weit sie bereits entwickelt sind. Dann strömt die Energie aus den Händen in die Aura und ich nenne die Mantras und aktiviere die Reiki-Symbole, so wie es im traditionellen Reiki von Meister zu Meister weitergegeben wird. Ich vertraue und fühle die höchste Segnung durch mich strömen, in dem Bewusstsein, dass nicht ich es bin, die hier „einweiht", sondern durch mich eine höhere Kraft wirkt. Ich diene nur in Liebe, Demut und großer Dankbarkeit und vollziehe das Ritual, das ich gelernt habe. Ich bin Gott dankbar, dass wir diese Segnung erleben und weitergeben dürfen. Ich bin jedem Menschen dankbar für das Vertrauen, das er mir entgegenbringt.

Reiki-Einweihung ist spirituelle Initiation. Reiki-Einweihung ist ein Sakrament. Die Schwingung des heilenden (Heiligen) Geist wird durch die Einweihung aktiviert. Es ist, als würde die Frequenz zwischen Sender (göttliche Quelle) und Empfänger (Reiki-Schüler) wieder rauschfrei, rein und klar hergestellt werden. Dabei sollten wir bedenken, dass die göttliche Quelle in jedem von uns im Herzen verankert ist, als der ewige göttliche Funke, das Christuslicht, das Buddhalicht, das Licht-Allahs. Bei Reiki spielt es keine Rolle aus welcher Religion oder aus welchem Glaubenssystem der Schüler kommt. Buddhisten, Moslems, Christen, alle sitzen nebeneinander und achten und respektieren gegenseitig den individuell verschiedenen Zugang zur göttlichen Quelle. Reiki tritt in keinerlei Konkurrenz zu einer Religion oder Glaubenslehre, aber Reiki lockert starre Verhaftungen und dogmatisches, fundamentalistisches oder fanatisches und fatalistisches Denken. Religionen und Kirchen sind die gemeinsame Basis, von der aus dann aber jeder Schüler seinen individuellen Pfad der Liebe, der Selbstverwirklichung, der Erleuchtung und des Aufstieges zu gehen hat, in eigener und alleiniger Verantwortung. Spirituelle Lehrer sind Wegbegleiter, deren Aufgabe es ist, die Schüler zu stützen und ihre Achtsamkeit wach zu halten, ohne jedoch dem Schüler eine Entscheidung abzunehmen oder ihn irgendwie zu manipulieren. Reiki-Meisterin und spiritueller Lehrer zu sein, erfordert ein sehr hohes Maß an Liebe, Ethik, Freiheit und eigener Selbstverwirklichung. Der Wert des „*Nicht-Eingreifens und die Lehre ohne Worte*“ sind das höchste Gut der spirituellen Lehrerin, die aus eigener Vorbildhaftigkeit das Licht der Liebe und Weisheit ausstrahlt, um den Schüler darin schützend aufzunehmen und seinen Weg zu beleuchten. Die Hauptaufgabe des Reiki-Meisters besteht darin, immer in seinem Gegenüber den Kontakt zum göttlichen Funken in dessen Herzen zu halten und darauf zu vertrauen, dass der Schüler aus eigener Kraft seine Entscheidungen zum eigenen höchsten Wohle trifft. Wählt der Schüler einen steinigen und schmerzvollen Weg, um zu lernen, so muss die Reiki-Meisterin diese Entscheidung des Schülers akzeptieren, darf aber immer wieder Impulse geben, damit der Schüler erkennen kann, dass es auch andere Möglichkeiten des Lernens gibt, als durch Leid und Härte.

Später werde ich noch genauer auf den Göttlichen Funken eingehen, der sich in jedem Menschen in der dreifaltigen Herzensflamme zeigt.

Manche Menschen glauben, dass bei einer Reiki-Einweihung über das Kronenchakra Licht einfließt und alle Chakras geöffnet werden. Nach meiner Erfahrung ist der Vorgang viel komplexer und vielschichtiger. Es ist, als ob jede Zelle, die bereit ist zu erwachen, erweckt würde und rückverbunden wird zu ihrer ureigenen Licht- und Klangfrequenz. Zunächst muss das Göttliche in uns wieder bewusst erkannt werden, erst dann sind wir in der Lage, Kontakt aufzunehmen zur großen göttlichen Quelle der Einheit. Doch dieser Erweckungsprozess braucht Zeit. Es würde einen durchschnittlich veranlagten Menschen unserer Zeit zutiefst verwirren, wenn die reine göttliche Energie sofort in aller Kraft und Stärke durch ihn strömen würde. Es hätte ja zur Folge, dass alle Blockaden, Hemmungen und Krankheiten gleichzeitig aktiviert und transformiert würden. Heilung geschieht selten ohne Heilungskrisen, doch auch darauf möchte ich erst später näher eingehen. Weder der Körper noch das Bewusstsein und die Psyche eines Menschen würden eine so starke ungefilterte plötzliche Energieanhebung aushalten. Daher setzt die Einweihungsenergie genau dort und genau in der Dosierung an, wie es für den Menschen im jeweiligen Moment machbar und gut ist. Es sind die Seele und das Höhere Selbst des Menschen, die hier, im Zusammenspiel mit der göttlichen Energie und Intelligenz von Reiki, den Grad der Frequenz festlegen und die bestmögliche Heilung ermöglichen. Willentlich können wir dieses Geschehen nur insofern beeinflussen, als wir uns dafür bewusst bereitmachen können. Wir können beispielsweise sagen:

„Ich bin Willens und bereit, vollkommene Heilung zu erfahren, zum höchsten Wohle von mir selbst und zum höchsten Wohle des großen Ganzen JETZT!“ Wenn du diese Einstellung in dir trägst, wird das für dich JETZT Bestmögliche geschehen. Wir können aber auch bremsen, indem wir beispielsweise sagen:

„Nun, ich will mal sehen, ob da was dran ist und ich will nur so viel Energie, wie es mich jetzt nicht zu sehr fordert.“

Dies würde bedeuten, dass du eher einen bequemen und langsameren Weg der Selbstheilung und Selbsterkenntnis zu gehen bereit bist. Auch das ist in Ordnung. Du hast freien Willen! Du selbst bestimmst die Intensität deiner spirituellen Entwicklung durch deine innere bewusste aber auch unbewusste Einstellung! Nur du selbst solltest die Intensität bestimmen im Einklang mit der höchstmöglichen göttlichen Energie Reiki!

Die vier Einweihungsrituale des ersten Reiki-Grades, die üblicherweise in zwei oder drei aufeinander folgenden Tagen gegeben werden, bewirken, dass das Energiefeld des Menschen von Blockaden so weit wie eben jetzt möglich gereinigt wird. Die Reiki-Energie wird meist spürbar über die Handflächen und Handchakras wahrgenommen. Jetzt ist es wichtig, sich selbst täglich die Hände aufzulegen. Die Eigenbehandlung ist die Grundlage von Reiki. Nur wer gelernt hat, sich selbst gut zu behandeln – auch im übertragenen Sinn – wird in der Lage sein, andere Menschen und Lebewesen gut zu behandeln! Sich selbst die Hände auf den eigenen Körper aufzulegen, ist für viele Menschen eine sehr wohltuende, entspannende und schöne Erfahrung.

Heilig

Im ersten Reiki-Grad erleben wir
vier Einweihungen.

Diese Einweihungen,
diese heiligen Zeremonien,
bringen uns in bewusste und stärkere Verbindung
mit der Urquelle allen Lebens,
mit Gott.

Die Reiki-Energie, die wir empfangen, ist Licht,
ist heilige heilende Nahrung, ist Kommunion.

Die Polarität

Bereits in den wenigen vorherigen Kapiteln wird dir, liebe Leserin, dir, lieber Leser, die Polarität aufgefallen sein. Kosmische Mutter, Gott, Göttin! Und vielleicht ist dir die Benennung der weiblichen Seite Gottes sehr ungewohnt. Jedoch sprechen wir so oft von Gott als unserem Vater, unserem Herrn, als männlichen Gott, dass es gut und wichtig ist, auch die weibliche Seite Gottes wieder zu benennen, uns an sie zu erinnern.

Das Spiel von Yin und Yang, das uns im kosmischen Sein in allen Kulturen begleitet bis hin zu unserem allerersten Ursprung, ist immer vorhanden. In manchen Kulturen und Zeiten wurde mehr der Göttin gehuldigt und die weibliche Energie gestärkt, das Mutterprinzip. In manchen Kulturen und Zeiten wurde mehr der männliche Gott verehrt, das Vaterprinzip hervorgehoben. Doch Gott ist alles, was ist. Es gibt nichts außerhalb von Gott, Gott ist ein Ganzes. Gott ist daher nicht *weiblich oder männlich*, sondern Gott ist *weiblich und männlich.*

Und Gott schuf den Menschen nach seinem Bilde, nach dem Bilde Gottes schuf er ihn,
als Mann und Frau schuf er sie.
Genesis 1,27

Durch dieses Heraustreten aus der Einheit als Mann und Frau auf einen Weg der Erfahrung mit dem Spiel der Kräfte glauben wir, zuweilen zerrissen zu sein. Wir erleben uns abgetrennt vom Ursprung, preisgegeben den Tücken des Lebens und folgen der Sehnsucht, wieder vereint zu sein. Wir ringen und kämpfen, haben manchmal Angst, unterzugehen. Wir haben Angst, unterdrückt zu werden, fühlen uns verlassen und haben zuweilen die innere Mitte, das Gleichgewicht, verloren. Alles, was in uns in Unordnung gerät, sehen wir außen im Spiegel der Erscheinungen wieder: Die weiblichen und die männlichen Kräfte sind derzeit nicht im Gleichgewicht in dieser Welt!

Aber wir leben in einem *Universum.* Universum leitet sich vom lateinischen Wort *universitas* ab, was Gesamtheit bedeutet. Wenn wir vom Kosmos sprechen, so sprechen wir beispielsweise vom Mikrokosmos im Gegensatz zum Makrokosmos. Das heißt, wir legen das universelle kosmische Prinzip, welches Ganzheit bedeutet, wie ein Muster über einen Ausschnitt und vergleichen die große Gesetzmäßigkeit mit der Gesetzmäßigkeit des kleinen Teilbereiches. Man könnte sagen, die kosmische Betrachtung des Universums gibt uns die Möglichkeit, die Gesetzmäßigkeiten der Polarität zu studieren und die Ganzheit, das Absolute, zu ergründen. Die Chinesen sind sich dieses unpersonifizierten, absoluten Universalzustandes besonders bewusst und nennen ihn Tao. Dieses ewige Tao wird betrachtet als die Einheit des Urgegensatzpaares Yin und Yang. Und da natürlich alle Dinge, Menschen und Ereignisse Teil des Absoluten sind, ergeben sich verschiedene Betrachtungsmöglichkeiten:

Oben ist das Absolute in seiner großen Form.
Unten ist das Absolute in seiner kleinen Form.
Reiki ist absolut und ganzheitlich,

Reiki ist oben und unten, innen und außen.

Auch dieses Oben und Unten ist auf die Urpolarität von männlicher und weiblicher Energie zurückzuführen. Die männliche Energie wird dem Feuerelement zugeordnet, das ätherische geistige Feuer. Es steigt auf, das Feuer dehnt sich aus, es bildet das Firmament, den Himmel. Die weibliche Energie wird dem Wasser zugeordnet. Wassermoleküle verdichten sich, aus Nebel werden Tropfen, aus Tropfen wird Regen und dieser fällt auf die Erde nieder. Das Wasser nimmt auf, trägt viele Informationen in sich, biologisches Leben geht aus dem Wasser hervor.

Erzeugende, aktive Energie wird männlich genannt, yang.
Empfangende, passive Energie wird weiblich genannt, yin.

Dieses Wechselspiel ist in den Rhythmus der Zeit eingebettet. Zu manchen Zeiten ist das Weibliche am Wirken, zu manchen Zeiten das Männliche.

Die Gesamtsumme von Vergangenheit, Gegenwart und Zukunft
ist die Zeit in ihrem großen absoluten Zustand:
Der Rhythmus der Ewigkeit!
Ein Augenzwinkern
ist die Zeit in ihrem kleinen absoluten Zustand:
ein Moment in der Unendlichkeit!

Daraus ergeben sich große kosmische Rhythmen, Bewegungen, in die wir eingebunden sind. Und innerhalb dieses Raumes, der uns in jedem Leben frei zur Verfügung steht, der unser kosmisches, göttliches Geburtsrecht ist, haben wir die Freiheit, zu handeln und mitzubestimmen: Schöpferrecht und Schöpferkraft.

Alle Formen, Eigenschaften und Beziehungen
von Menschen und Ereignissen
sind Manifestationen und somit Teil des Absoluten.

Das besagt, dass wir immer eingebettet sind, verbunden bleiben im Wechselspiel mit allen Manifestationen und schöpferischen Kräften. Alles ist mit allem in Verbindung!

Das Absolute ist demnach die Einheit
von Yin (passiver Zustand) und Yang (aktiver Zustand).
Jedoch kein aktiver, männlicher Zustand kann alleine existieren
und kein passiver, weiblicher Zustand kann alleine existieren.

Zeugung bedingt Empfängnis und umgekehrt.
Oder anders ausgedrückt: Zeugung ist nur möglich,
wenn das Empfangende gegenwärtig ist.

Noch anders ausgedrückt: in Yang
muss immer auch Yin gegenwärtig sein
und in Yin muss immer auch Yang gegenwärtig sein.

Das Weibliche allein kann also nicht existieren, das Männliche allein auch nicht! Kein *Oben* kann ohne das *Unten* existieren, es gibt kein Außen ohne Innen. Der eine Pol bedingt den anderen! Und nichts kann verloren gehen! Überwiegt der eine Pol, eine Energie im sichtbaren Bereich, zieht sich der andere Pol, die andere Energie in den unsichtbaren, unoffenbarten Bereich zurück! Verloren geht nichts.

Das Ganze bleibt immer ein Ganzes im ewigen Tao.

Unser großer westlicher Weiser Hermes Trismegisti drückte dies in der Tabula Smaragdina (Neuausgabe der deutschen Fassung von 1786) mit folgenden Worten aus:

„Es ist wahr, ohne Lügen,
gewiss und wahrhaftig.
Was oben ist, ist wie das, was unten ist,
und das was hier unten ist, ist wie dasjenige, was dort oben ist,
auszurichten die Wunder eines einigen Dinges!“

„...auszurichten die Wunder eines einigen Dinges!“ Das sind Worte, die mich tief berühren. Die Urpolarität, das Weibliche und das Männliche sind da, um auszurichten das Wunder eines einigen Dinges! Und dieses Ausrichten eines einigen Dinges ist Heilung, heil werden, ganz werden, vollkommen, heilig. Es ist das Leben. Es ist Leben in Liebe vereint. Reiki ist so ein Wunder.

Wir haben am Anfang dieses Kapitels gesagt, dass die Kräfte, die weiblichen und die männlichen Kräfte nicht im Gleichgewicht sind. Ist die männliche Energie zu stark, wird sie als sehr machtvoll erlebt. Die weibliche Energie kann so machtvolle männliche Energie nicht freiwillig aufnehmen und versucht, sich zu verschließen. Die männliche Energie erlebt das Nicht-Angenommenwerden als schmerzliche Zurückweisung. Die Kräfte sind aus dem Gleichgewicht. Wir sollten verstehen, dass sich dieses Kräftespiel, oft auch ein Kräfteringen, *in uns selbst* abspielt. Was wir außen erleben, ist nur der Spiegel dessen, was innen da ist!

Einheit

Alle Erscheinungen, alles Leben, alles Sein
ist ein Teil des Absoluten.

Oben und Unten
Gut und Böse
Schatten und Licht
Mann und Frau
Minus und Plus
Himmel und Erde
sind EINS.

Gott ist alles, was ist.

Bereitschaft, wahrzunehmen, was ist

Lernen beginnt bei der Bereitschaft, wahrzunehmen, was ist. Lassen wir uns in den ersten Reiki-Grad einstimmen, so gibt uns das eine verbesserte Möglichkeit, wahrzunehmen, was ist. Dieses Wahrnehmen dessen, was ist, ist unser eigentlicher und bester Lehrmeister.

Leg dich hin, sei ruhig und still.

In der Schulung zum ersten Grad legst du dich nach der Einweihung bequem hin, legst deine Hände auf deinen Körper und nimmst wahr, was jetzt da ist, in dir oder auch außerhalb von dir. Vielleicht hörst du nur die Geräusche im Raum oder von der Straße oder die leise Musik, die eventuell zur besseren Entspannung gespielt wird. Vielleicht tauchen Erinnerungen in dir auf, vielleicht längst vergessene Bilder. Vielleicht erkennst du auch jetzt Zusammenhänge in deinem Leben, Wahrheiten, die dir bislang verborgen waren. Vielleicht kommt es zu Emotionen und Gefühlsausbrüchen wie Weinen, oder Lachen. Es können viele Gedanken in dir kreisen oder du fühlst dich tief entspannt, wohl und geborgen. Vielleicht fühlst du Frieden, Liebe und Dankbarkeit in dir. Es kann auch sein, dass du einschläfst. Alles, was ist, ist gut. Nicht das eine ist besser als das andere, sondern das, was ist, ist eben das, was es ist. Deine Reiki-Meisterin, dein Reiki-Meister wird dich ermuntern, wahrzunehmen was ist, es kommen zu lassen, sein zu lassen und auch wieder vergehen zu lassen. Achtsamkeit zu üben gehört zum Reikiweg.

Leg dich hin, sei ruhig und still.
Atme.
Du atmest ein von dem, was um dich ist,
du atmest aus von dem, was in dir ist,
so bist du mit allem und jedem verbunden.
Alles ist gut, so wie es ist.
Auch das Veränderungswürdige ist gut,
nimm es an und du kannst es verbessern.
Durch Annehmen hast du die Möglichkeit, etwas zu verändern.
Du kannst nur loslassen, was du angenommen hast.
Loslassen, ohne zuvor angenommen zu haben, gibt es nicht.
Etwas nicht annehmen wollen, bedeutet Flucht.
Verweigerung der Annahme ist Ausgrenzung.
Bekämpfen statt Annehmen bedeutet Krieg.
Das, was ist, in Liebe anzunehmen, bedeutet frei zu sein um
es zu behalten, zu verwandeln oder um es loslassen zu können.

Für viele Menschen ist es eine seltene oder gänzlich neue Erfahrung, einfach nur da zu sein und anzunehmen, was ist. Wir sind darauf trainiert, das, was ist, in uns oder um uns, sofort in gut oder schlecht einzureihen. Wir sind darauf trainiert, sofort Stellung zu beziehen und in die Polarität zu gehen, uns *dafür* oder *dagegen* auszusprechen.

In unserer Alltagswelt gibt es wenig Zeit und Raum, um einmal einfach nur da zu sein, ohne Ablenkung. Da zu sein und nur zu schauen, zu fühlen, zu hören, was halt jetzt so ist. Ganz neutral.

Dieses ruhige Wahrnehmen dessen, was ist, wird uns auf unserem Reiki-Heilungsweg zur wichtigsten Übung. Aus diesem Wahrnehmen dessen, was ist, erfahren wir die ursprüngliche und direkteste Weisheit, Belehrung und auch Hilfe, die das kosmische Prinzip uns geben kann: die kosmische Muttersprache. Wir hatten sie vergessen. Sie verstehen zu lernen, uns von ihr führen zu lassen, bedarf der Übung. Wir sind so sehr die menschliche Sprache gewohnt.

Die menschliche Sprache ist die Sprache der Polarität,
der Gegensätzlichkeit, linear, hierarchisch,
auf waagrechtes Denken aufgebaut.
Die menschliche Sprache ist geprägt von Bedingungen,
„wenn-dann" und Bevormundung,
„du musst, du sollst, du darfst, du darfst nicht . . ."
Angesammeltes Wissen drückt sich in Prophezeiungen aus.
Die kosmische Muttersprache ist Gottessprache,
sie ist die Sprache „des Seins".
Sie ist die Sprache des Gewährens,
des Geschehenlassens, des Nichteingreifens.
Sie ist die Sprache der Hingabe, der Ruhe und Stille,
der Sammlung und Konzentration,
die Sprache des Daseins.
Kosmische Muttersprache ist bedingungslos,
kennt kein „wenn und aber"
und ist auf senkrechtes Denken aufgebaut.
Kosmische Muttersprache ermutigt
und warnt uns durch Zeichen,
gibt aber frei für jede Erfahrung.

Das Gute ist nicht besser als das Schlechte,
denn beides dient uns - gut und schlecht
sind menschlicher Ausdruck, nicht kosmischer.
Kosmische Muttersprache schützt uns,
indem sie uns lehrt die Zeichen zu erkennen
und zu deuten,
sie stellt es uns jedoch frei,
welchen Zeichen wir folgen wollen.

Kosmische Muttersprache ist geheimnisvoll,
wirkt nahezu unsichtbar aus dem Verborgenen heraus.
Es bedarf der Übung, sie mit dem Verstand zu durchschauen.
Die direkte kosmische Muttersprache
ist die Sprache, die wir in uns hören, die
Intuition!

Die indirekte kosmische Muttersprache ist die Sprache um uns,
die sich durch alles in unserer Umgebung ausdrückt:
Dinge, wie auch Menschen und Ereignisse, „sprechen" zu uns!
Sie geben uns eine Botschaft und zeigen uns unser
„Spiegelbild".
Manchmal erleben wir sie als einen beglückenden Zufall.
Manchmal erleben wir sie als Schicksalsfügung.

Mit der Wahrnehmung dessen, was real im Außen da ist, mit dem Hineinhorchen in das, was real in uns ist, beginnen wir beim Reiki-Seminar dort, wo wir immer beginnen sollten: bei uns selbst!

Dein erstes Geburtsrecht ist dein Körper

Dein erstes Geburtsrecht ist dein Körper, er ist der erste Raum, der dir zusteht, in dem deine Seele wohnt. Er ist der Raum, auf den du besonders acht geben solltest. Um diesen Körper, um diesen Raum geht es auch zuallererst und immer wieder bei Reiki. Im ersten Grad lernen wir unsere Hände auf unseren Körper aufzulegen und die Reiki-Energie in ihn einfließen zu lassen.

Du kannst deine Hände immer und überall
und in jeder beliebigen Position und Positionsfolge
auf deinen Körper auflegen, denn es sind deine Hände,
es ist dein Körper und es ist deine Intuition, die dich führt.

Du wirst in der Schulung zum ersten Grad aber auch eine Abfolge von Handpositionen lernen, die wir als Eigenbehandlung bezeichnen. Jedes Handauflegen ist gut und wichtig und ein bisschen Handauflegen ist besser als kein Handauflegen. Der regelmäßigen Eigenbehandlung messen wir aber besondere Bedeutung zu.

Lass uns, bevor wir uns dem Wert der Eigenbehandlung zuwenden, unser erstes Geburtsrecht, den menschlichen Körper, noch genauer betrachten. Was unterscheidet uns von der Materie, von anderen Lebewesen? Was macht unsere Besonderheit aus? René Descartes, Begründer der neuzeitlichen Philosophie, definiert aus unserem Selbstbewusstsein, „cogito, ergo sum - ich denke, also bin ich“, die Lehre von den beiden Grundsubstanzen der Welt. Dem „res cognitas“, also dem menschlichen Geist, wird dabei eine Vormachtstellung eingeräumt gegenüber der „res extensa", der nach mechanischen Gesetzen geordneten Außenwelt. Doch hat nicht auch der Stein Bewusstheit? Ist nicht diese *ordnende Kraft*, diese alles durchdringende und miteinander in bestimmter Ordnung verbindende Energie, die von den Chinesen Ch'i genannt wird, bei den Japanern Ki, Wakan bei den Sioux, Orgon Energie bei Dr. Wilhelm Reich, von den Kahunas auf Hawaii Mana und Mana Loa benannt, von den Russen als Bioplasma und den Kabbalisten als Jesod bezeichnet, an sich bereits Bewusstheit? Intelligenz? Wohnt nicht Bewusstheit in jeder Zelle? Die Tiere haben ganz sicher auch Bewusstsein, die Bäume auch und wohl der ganze Planet Erde, es ist wohl der ganze Kosmos durchdrungen von lebendiger Bewusstheit.

Das Besondere an uns Menschen ist jedoch nicht, dass wir Bewusstsein haben, sondern dass wir die Möglichkeit haben, unsere Gedanken, Ideen, Vorstellungen, Gefühle und Illusionen auch so vielfältig auszudrücken und zu verwirklichen. Das geschieht zum überwiegend größten Teil über unsere Hände!

Natürlich haben wir die Möglichkeit, unsere Ideen, Visionen auch in Worten, in Tanz, Gesang, im Schauspiel mit dem ganzen Körper auszudrücken. Doch all das ist flüchtig, nur kurz sichtbar, hörbar und verweht schnell. Beständig werden unsere Ideen durch Formgebung: Töpfern, Schnitzen, Weben, Zimmern, Stricken, usw. Also durch jedes *Hand*-Werk. Beständig und überlieferbar werden unsere Ideen, unser Wissen auch durch Aufzeichnungen: Symbole, Hieroglyphen, in verschiedenen Schriftzeichen festgehaltene Texte und Botschaften; aber auch Notenschlüssel, Zahlen und Berechnungen, gezeichnete Pläne, Entwürfe. All dies ist nur möglich, da wir unsere Hände haben, da unser Geist sich über unsere Hände ausdrücken kann. Und auch die vielen Maschinen, die es heute gibt. Entstanden sind sie, da die Vision eines Menschen ihm aus der Hand aufs Zeichenbrett floss, und bedient werden sie auch immer noch vorwiegend durch Hände.

Legen wir nun zur Eigenbehandlung unsere Hände auf unseren Körper, so hat dies wohl eine tiefe und vielfache Bedeutung für uns, sind es doch gerade diese unsere Hände, mit denen Gott den Menschen in so besonderer Weise ausgezeichnet hat. Durch Reiki sind sie nun geweiht und gesegnet. Vielleicht empfindest du erstmals tiefe Dankbarkeit für eben diese deine Hände. Vielleicht empfindest du das erste Mal Liebe für deine Hände. Vielleicht bist du nun erstaunt über das Wunder deiner Hände. Eine neue Verantwortung kommt dadurch auf dich zu, nämlich die Verantwortung über das, was du mit deinen Händen tust. Lege deine Hände auf deinen Körper, erlebe das Wunder deines so selbstverständlich funktionierenden Körpers! Spüre deinen Körper mit all seinen Regungen und Energien: Gefühle, Emotionen, Wärme, Kälte, Sexualenergie. Fühle auch die feinstofflichen ätherischen Bereiche, die Energie der Chakras kannst du wahrnehmen. Nimm deine Organe wahr, das Herz, die Lungen, den Magen, die Leber, Nieren, die Milz und alle Organe, die so selbstverständlich für dein Wohlbefinden arbeiten und denen du vielleicht noch niemals Aufmerksamkeit geschenkt hast.

Lasse über deine Hände den Segen der Weihe, Reiki, die ursprüngliche Gotteskraft, die universelle Lebensenergie in deinen Körper einfließen. Sei *eins mit dir selbst.* Spüre deinen Körper, wie er atmet, wie er lebt und spüre, wie die feine lebendige Energie aus deinen Händen strömt und dich trägt. Vielleicht geht es dir wie mir: Ich habe erst durch Reiki wahrgenommen, wie sehr ich vorher auf *Sparflamme* gelebt hatte. Jetzt, durch Reiki, kann ich alle äußeren Schwierigkeiten oder Probleme leichter loslassen. So wie ich beim Heimkommen in meine Wohnung mit dem Schließen der Wohnungstür die Außenwelt draußen lassen kann, kann ich mit dem Schließen der Augen heimkommen und die äußeren Belange vergessen. Probleme werden oft gerade deshalb zu hemmenden Blockaden, weil wir ihnen zu viel Aufmerksamkeit schenken. Das nährt sie! Manches Problem, das ich der Reiki-Energie übergab, ohne mich weiter damit zu beschäftigen, hat sich plötzlich von selbst erledigt. Es ist wichtiger, dich mit deinen Fähigkeiten und deiner Kreativität zu beschäftigten als mit deinen Problemen. Denn durch deine Kreativität kannst du dein Leben schön und liebevoll gestalten. Widme dich daher ganz deinem wunderbaren, schöpferischen, eigenen Sein. Widme dich mit Liebe deinem Körper, deinem Geist, deiner Seele.

Falte deine Hände,
sitze aufrecht und ruhig.
Achte auf deinen Körper, auf deinen Atem.
Warte, bis dein Geist klar und ruhig ist.
Reiki beginnt tief in dir.
Reiki wirkt in dir.

Wohnraum der Seele

Unser Körper ist unser erstes Geburtsrecht.

Unsere erste Pflicht ist daher,
gut für unseren Körper zu sorgen,
ihn gesund zu ernähren,
ihn zu pflegen und
mit genügend Energie zu versorgen.

Wir selbst tragen die Verantwortung für unseren Körper.
Kein anderer hat das Recht, über unseren Körper
zu bestimmen als wir selbst.

Indem wir uns unsere Reiki-Hände auflegen,
empfangen wir das Licht, die Heilenergie
und die Weisheit aus der Quelle allen Lebens.

Die Weisheit von Reiki

Ich liebe den nächtlichen Sternenhimmel. Es ist mir eine besondere Freude, das Firmament mit den unzähligen Gestirnen und Planeten zu bestaunen. Und nicht nur, dass es mich mit tiefer Ehrfurcht und Dankbarkeit erfüllt, es schenkt mir auch das Maß, das ich brauche, um leben zu können. Es erinnert mich an unseren großen griechischen Philosophen Platon, der der Behauptung seines sophistischen Vordenkers Protagoras *„Der Mensch ist das Maß aller Dinge“* nicht nur den berühmten Satz seines Lehrers Sokrates *„Ich weiß, dass ich nichts weiß“ entgegenhielt*, sondern Fuß fasste in einer Weltvernunft, die zugleich Zeugnis gibt, wie auch Zeugung bewirkt. Er war sich damals bereits einer *„Licht-Metaphysik“* bewusst, einer Welt, die aus ewig sich wandelnden Ideen lebt. Einer Welt, in der wir Geschöpf und Schöpfer sind, in jenem Maß, das kosmisch uns vorgegeben ist, wie auch in jenem Maß, in dem wir unseren individuellen Freiraum selbst kreativ ausfüllen.

Stehe ich so unter dem nächtlichen Sternenhimmel, dann kann ich das Maß fühlen, das Maß meines individuellen Anteils, meiner kreativen Schöpferkraft, meiner Wirkungskraft. Ein winziger Funke innerhalb des Firmaments. Jene Kraft und Intelligenz, jene Urquelle, die ich Gott nenne, war in der Lage, dieses kosmische Wunder zu erschaffen und in Bewegung zu halten. Dies ist ein galaktisches Wunder, in dem der Planet Erde ein Sandkörnchen darstellt, wo unser ganzes Sonnensystem wie eine Hand voll Kieselsteine inmitten des Ozeans anmutet, und mein Bewusstsein einem Funken gleicht, der im unendlichen Gefüge der Zeit aufleuchtet. Dies lässt mich vertrauen, dass jene Kraft und Intelligenz, die all das hervorgebracht hat, wohl auch über die Heilkraft verfügt, um alles, was im Getriebe meines Lebens, meines Körpers in Unordnung geraten ist, auch wieder in Ordnung zu bringen und zu heilen. Ich fühle, dass das Maß meiner Hinwendung, meiner Dankbarkeit, meines Vertrauens in diese Urquelle der ausschlaggebende Faktor ist, der es dann dieser Intelligenz und dieser allumfassenden Liebe ermöglicht, in mir, in meinem Leben zum Wohle und zum Heil zu wirken. Mehr und mehr beginne ich zu erkennen, dass es nur einen gibt, besser gesagt nur eine, die sich zwischen das Wunder der göttlichen Heilkraft gestellt hat und die die göttliche Liebe und Gnade so oft verhinderte: mich selbst. Mein Ego, meine Besserwisserei, mein Anspruch auf selber lenken, selber tun, oft hochmütig und kurzsichtig, ohne Rücksprache mit dem kosmischen Gesetz zu halten. Mein egoistischer Lebensanspruch war es, was im Wege stand.

Wenn ich nun meine Hände auflege, dann tue ich dies in reinem Vertrauen an die Urquelle und an ihre Weisheit und Allmacht. Ich, als das Kleinste, konzentriere mich und fokussiere das Ganze, das Größte. Ich, das winzige Teilchen im großen Gefüge, vertraue mich vollkommen der Heilkraft des ewigen Schöpfergeistes an. Ich bitte ihn, zu kommen und durch mich, durch meine Hände zu wirken. Ich bitte die geistige Urmutter, diesen heiligen und heilenden Geist, Reiki, zum Wohle des Einzelnen und zum Wohle des großen Ganzen mir zufließen zu lassen. Ich tue dies im Bewusstsein, dass der Wille Gottes geschehen möge, denn nur die göttliche Allmacht kann das Große Ganze überblicken und weiß, was für mich, für dich, für den anderen wirklich gut ist. Gebet:

Geist, ruhende Kraft in allem Seienden,
Licht im Lichte,in deine Hände will ich mich legen.
Durchströme mein Wesen, tritt ein in mein Haus,
erleuchte meinen Körper und all seine Zellen.
Löse mit der Kraft deines heilenden Strahles
jegliche Disharmonie auf.
Verwandle alles, was krank und unvollkommen ist,
damit mein Körper vollkommen gesund, schön und hell
sich in seinem Ursprungslichte manifestieren kann.
Entfache in meinem Herzen das Feuer der Liebe,
damit ich meine Aufgaben mit Spaß, Leichtigkeit, Freude
und in segensreicher Fülle vollbringen kann.
Ich bin eins mit der unendlichen Kraft der göttlichen Liebe.
Ich bin eins mit Reiki.
Amen.

Ich sage hier nicht, dass immer alles leicht ist! Allzu oft hält unser Wille an etwas fest, das wir loslassen sollten, um heil zu werden. Heilungsprozesse können auch schmerzhaft sein. Im medizinischen Bereich wissen wir um die Schmerzen, die eine lebensrettende Operation begleiten, die Nebenwirkungen von Medikamenten, den Verzicht auf Sport und Vergnügungen, den unser Genesungsprozess fordert. In der spirituellen Heilung, der ganzheitlichen Heilung, der Heilung unserer Lebensumstände ist das nicht anders. Gar manches kann von uns gefordert werden, was uns nicht leicht fällt. Das Loslassen materieller Dinge, das Loslassen von Angewohnheiten, Charakterschwächen, Ängsten, das Loslassen von Menschen, von Erwartungen, der Verzicht auf dummes Gerede, der Verzicht auf Rauschmittel, Verzicht auf Beteiligung an Geschäften, die Menschen, Tieren oder unserer Mutter Erde Schaden zufügen.

Im Wandlungsprozess unserer tiefen geistigen und seelischen Heilung, ohne die andauernde körperliche Heilung nicht möglich ist, ist es oft ein von Zweifeln geplagtes Ringen alter Gewohnheiten, Lebensweisen und Gedankenbilder mit neuen Erkenntnissen, denen wir uns nur zaghaft anvertrauen. Doch all das ist normal und logisch und gehört zum Heilungsprozess hinzu! Denn natürlich können wir nur zu jenen neuen Erkenntnissen und Sichtweisen ja sagen, die wir erprobt haben. Und nur zu oft wächst aus tiefsten Zweifeln dann auch jene tiefe Gewissheit und Wahrheit, in der wir uns endlich geborgen und sicher fühlen.

Als ich einem meiner Lehrer von manchen quälenden Zweifeln berichtete, sagte er: „Reite sie aus! Bezähme deine Zweifel, wie man ein wildes bockiges Pferd bezähmt, dann werden sie dir dienlich sein und dich zu neuen Ufern tragen."

In den Reiki-Schulungen ermuntere ich die Teilnehmer dazu, sich Plattformen zu bauen, Plattformen, die standhalten, die Sicherheit geben und auf die sie jederzeit zurückkommen können. Die erste Plattform, die wir Menschen brauchen, wenn wir uns der heilenden Kraft der Hände anvertrauen, unsere ersten Schritte in die Spiritualität machen, um die Weisheit des unsichtbaren Gottes zu ergründen, ist die Plattform der *„Neutralität“*. Das heißt: Probiere einen neuen Schritt aus und beobachte, was er dir bringt! Leg dich nicht vorher schon fest, indem du dich an deine Erwartungen fesselst oder an deine Vorurteile kettest. Indem du Heilungsversprechen abgibst, fixierst du dich und behinderst die Heilung. Lass Reiki wirken, sei im Vertrauen, sei neutral, sei bereit, zu lernen aus dem, was geschieht. Das erfordert auch, bereit zu sein, eventuell eine Belehrung, eine Zurechtweisung einzustecken, ja dankbar anzunehmen.

An dieser Stelle möchte ich eine kleine Geschichte erzählen:

Vor einigen Jahren kam eine junge Frau zu einem Reiki-Seminar zu mir. In den Mitteilungsrunden erwähnte sie immer wieder, dass sie Reiki nur machen wollte, um ihrem kleinen Sohn zu helfen, der ein sehr kränkliches Kind sei. Ich sagte ihr mehrmals, das dies zwar durchaus in Ordnung sei, dass Reiki aber zuallererst immer bei uns selber wirkt. Einige Wochen nach dem Seminar rief sie mich ganz aufgeregt an. Ich fragte, wie es ihrem Sohn ginge, und sie meinte, es gehe ihm wie immer, nicht schlechter und nicht besser. Aber ihr selbst ginge es sehr schlecht, da sie gerade draufgekommen war, dass ihr Mann seit längerer Zeit eine Freundin habe. Sie begann über Reiki zu schimpfen, meinte, es könne Gott bei der Ungerechtigkeit in der Welt gar nicht geben und das ganze Leben sei nur Betrug! Ich hielt den Hörer ein Stück von meinem Ohr weg, um ihre Wut nicht so direkt in mich eindringen zu lassen, ließ sie aber weiterschimpfen. Als sie merkte, dass keine Gegenrede meinerseits kam, wurde sie ein bisschen unsicher. Ich sagte ihr, dass es gut sei, ihre Emotionen und ihren Ärger einmal einfach herauszulassen, betonte aber, dass in der Situation mit ihrem Mann eine große Chance für ihre Ehe und ihr eigenes Wachstum verborgen liegt. Schließlich vereinbarten wir einen Termin und von da an kam sie, in Abständen einiger Wochen, immer wieder zu einer Reiki-Behandlung.

Entgegen ihrem ersten Impuls ließ sie sich nicht scheiden, sondern begann sich mit sich selbst und ihrem Mann auseinanderzusetzen. Dabei stellten beide fest, dass sich in den letzten Jahren alles um das kranke Kind gedreht hatte und sie sich voneinander entfernt hatten. Nach einigen nicht leichten Schritten der Selbsterkenntnis gelang es ihr, einen neuen inneren Zugang zu ihrem Mann zu bekommen. Er trennte sich von seiner Freundin und nun verlief ihre Ehe ganz gut. Doch wieder rief mich die junge Frau eines Tages sehr aufgeregt an. Sie klagte über zunehmend ziehende Schmerzen in der linken Brust. Ich konnte ihre Angst am Telefon spüren. Ich ermunterte sie und redete ihr gut zu, sich so schnell als möglich medizinisch untersuchen zu lassen. Wenige Tage später wurde in der Klinik ein leider bösartiger Knoten in der Brust diagnostiziert. Die Früherkennung des Knotens war ein Vorteil, trotzdem war eine Operation und Chemotherapie nötig. Nun legte sich die junge Frau selbst regelmäßig die Hände auf, um sich Reiki zu geben. Ihr Mann kümmerte sich rührend und sehr liebevoll um sie und bald machte sie sehr gute Heilungsfortschritte. Erstaunlich war auch, dass es ihrem kleinen Sohn nun zusehend besser ging, obwohl sie sich nicht um ihn kümmern konnte. Aber ihr Mann tat es und sie bemerkte, dass jetzt eine tiefe Vater– Sohn-Beziehung entstand. Sie erkannte, dass sie in ihrer Sorge um ihr Kind dieses fast erdrückt hatte und dass sie dabei ihren Mann und sich selbst nahezu vergessen hatte. Als sie wieder völlig gesund war, war ein anderer Mensch aus ihr geworden. Sie war viel offener, selbstbewusster, spontaner und herzlicher. Sie nahm auch eine Halbtagsanstellung an, welche ihr Spaß machte und wurde richtig glücklich. Eines Tages sagte sie etwas sehr Schönes zu mir: „Früher war ich oft so still und unnahbar, weil ich Angst hatte und meine Stille war eng. Heute bin ich oft still, weil ich so dankbar bin und meine Stille ist weit; alles hat darin Platz und ist willkommen, weil ich weiß, dass alles gut ist! Heute hätte ich nicht einmal vor dem Sterben Angst, weil ich weiß, dass es erst kommt, wenn ich bereit bin."

In ihren Augen sah ich die große Dankbarkeit, die sie nun für ihr Leben empfand.

Geduld

Die Weisheit von Reiki offenbart sich nicht immer sofort,
Heilung braucht seine Zeit.

Reiki macht bewusster.
Reiki wirkt ganzheitlich.
Reiki setzt verschüttete Gefühle frei.
Reiki lindert Schmerzen.
Reiki besiegt die Angst.
Reiki stärkt die Lebenskraft.
Reiki fördert Harmonie.
Reiki baut Stress ab.
Reiki stärkt das Selbstvertrauen.
Reiki beseitigt Krankheitsursachen.
Reiki löst Blockaden.
Reiki entgiftet.
Reiki stärkt das Immunsystem.
Reiki steigert die Konzentration.
Reiki schenkt Lebensfreude und Lust.

Reiki- Eigenbehandlung

Wir haben zwei Hände, die rechte und die linke Hand, doch beide Hände gehören zu ein und demselben Körper. Dies spiegelt wunderschön, dass die Polarität in diesem Kosmos, das Gute und das Schlechte, das Aktive und das Passive, zu einem Wesen, zu ein und demselben Ganzen gehören. Wenn wir bei der Einweihung unsere Hände vor der Brust zusammenlegen, vollziehen wir eines der ältesten Mudras, das Mudra der höchsten Konzentration. Dieses Zusammennehmen der Hände zum „Bitte sagen" ist das Erste, das wir kleinen Kindern lernen. Es ist auch die Gebetshaltung in vielen Kulturen, das Gebet ist die Bitte an die höhere Quelle. Die gefalteten Hände symbolisieren Versöhnung mit der Polarität. Licht und Schatten werden vereint und geheilt. Ich messe dieser Handhaltung große Bedeutung bei. Die rechte und die linke Hand vor dem Herzen zusammenzulegen, ist eine symbolische Geste der Einheit. Wir wollen die Polarität nicht mehr bekämpfen, indem wir das Gute verherrlichen und das Schlechte verjagen oder vor ihm fliehen. Durch das Annehmen der uns auf dieser Erde vorbestimmten Erfahrung der Polarität kann das Licht des Guten, die Kraft und Weisheit der Liebe, das Dunkle oder das Erkrankte sanft durchströmen und heilen. Das Schlechte wird ins Gute verwandelt, es wird transformiert und geheilt! Heilung bedeutet nicht Kampf gegen das Kranke und Schlechte. Reiki-Behandlung bedeutet, alles in die Hand zu nehmen. Erst wenn wir eine Krankheit oder eine Schicksalsfügung annehmen, können wir sie verwandeln, heilen und somit den Schmerz, der damit verbunden ist, loslassen.

Vor jeder Eigenbehandlung stimmen wir uns auf Reiki ein, indem wir uns über unser eigenes Höheres Selbst mit der allerhöchsten göttlichen Quelle verbinden und um Reiki bitten. Wir können dies mit einem Gebet tun, indem wir unsere Hände falten oder unsere Hände auf unser Herz legen. Wir können auch unsere Hände zum Himmel strecken. Finde dein eigenes Lieblingsritual, deine eigenen Worte, deine eigenen Gebete.

Nun will ich dir die Eigenbehandlung zeigen. Reiki wirkt durch Stoffe und auch durch Gipsverbände und dergleichen hindurch. Metalle und enge Kleider und Gürtel sollten dennoch abgelegt werden, da sie den Energiefluss verlangsamen können. Du sollst dich ja entspannen und rundum wohl fühlen können. Sorge also auch für eine bequeme Liege und eine ruhige, entspannende Atmosphäre. Vertraue auf die Reiki-Kraft. Dein Körper nimmt sich so viel Reiki-Energie, wie er braucht.

Wir beginnen üblicherweise am Kopf. Die Hände werden sanft, aber ohne Druck, auf den Körper aufgelegt. Die Handpositionen ergeben einen Rhythmus. Sie bilden ein Muster, das deinen Körper in seiner Heilung unterstützt. Es ist dabei nicht so wichtig, wie viele Positionen es sind oder in welcher Reihenfolge sie stattfinden. Das Muster hilft dir ganz einfach, deinen Körper gut an Reiki zu gewöhnen. Johanna und Kathrin zeigen dir Griffe, so wie sie bei mir im Seminar geübt werden.

Einstimmen

1. Position: die Augen

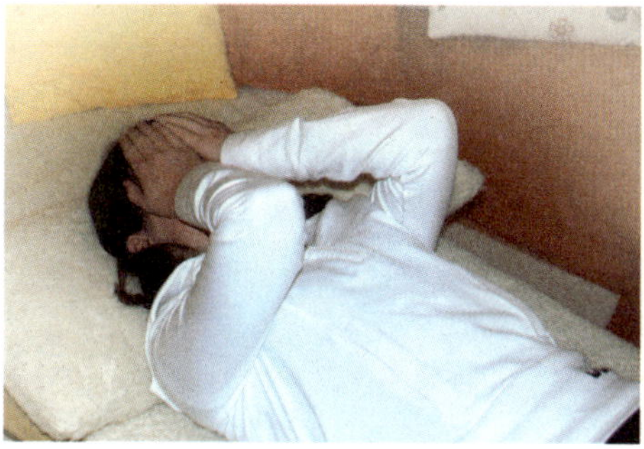

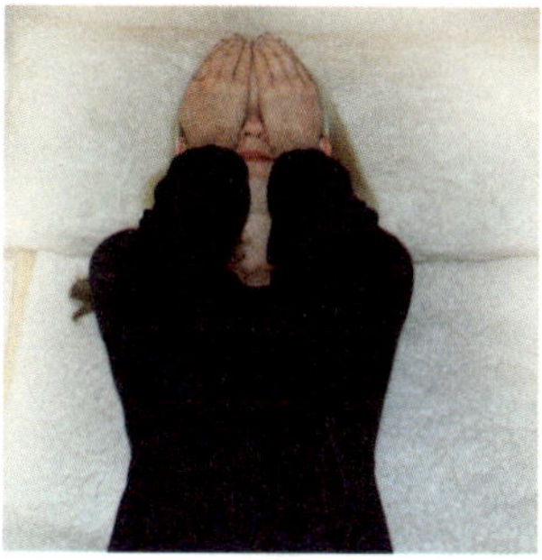

2. Position: rechte und linke Gehirnhälfte

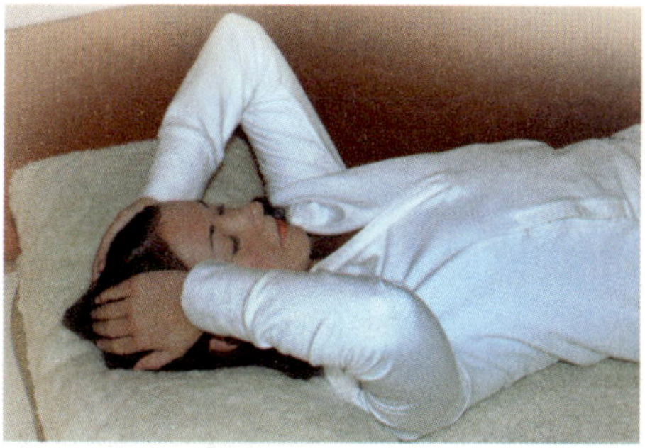

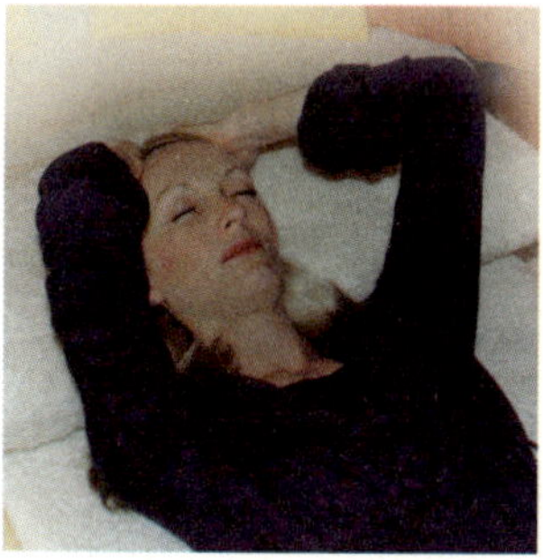

3. Position: Hinterkopf

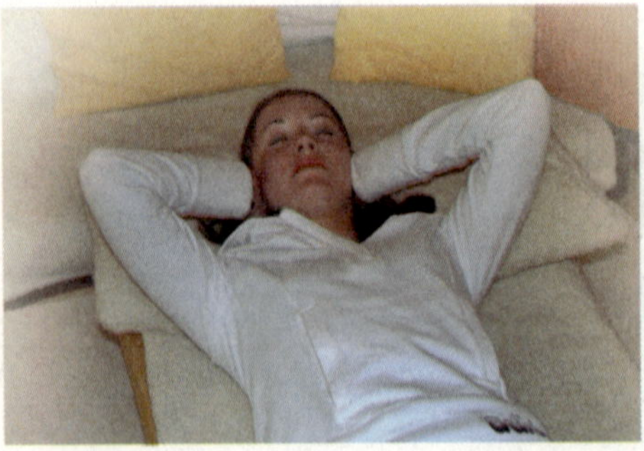

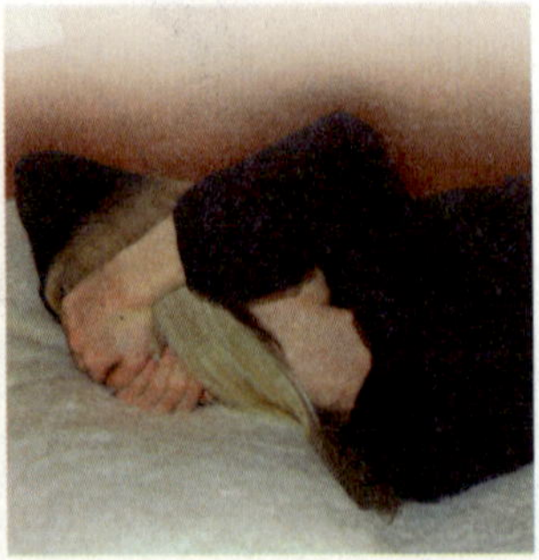

4. Position: Hinterkopf und Stirn

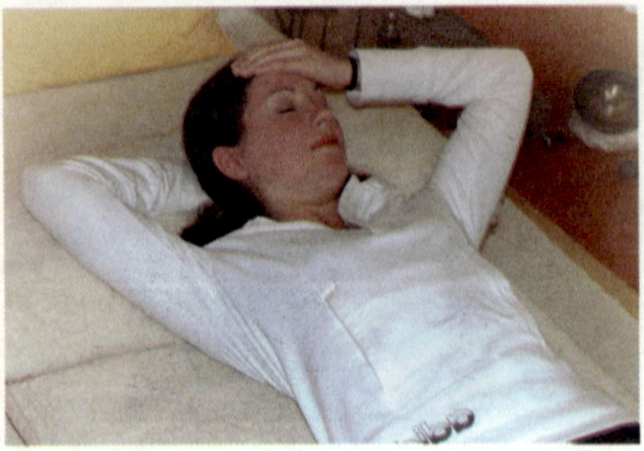

5. Position: Ohren

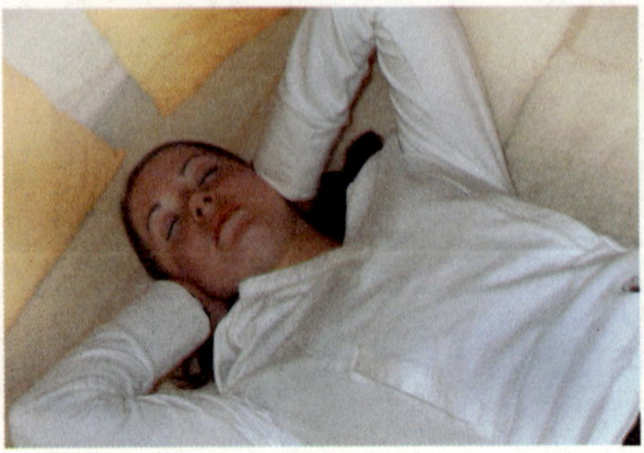

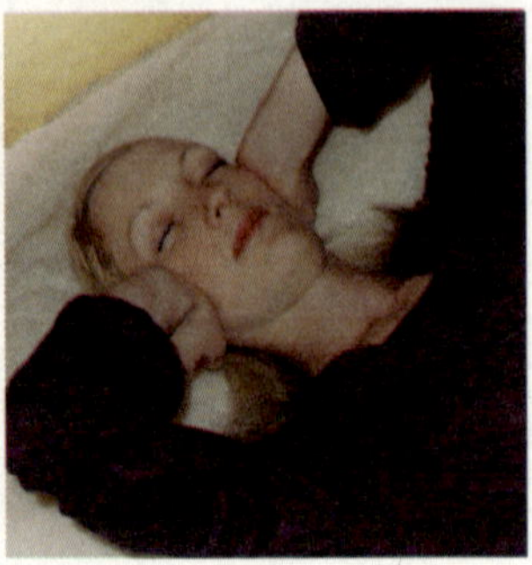

6. Position: Kinn

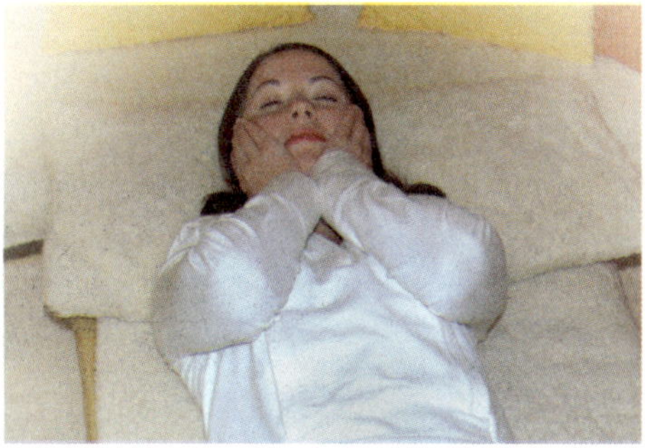
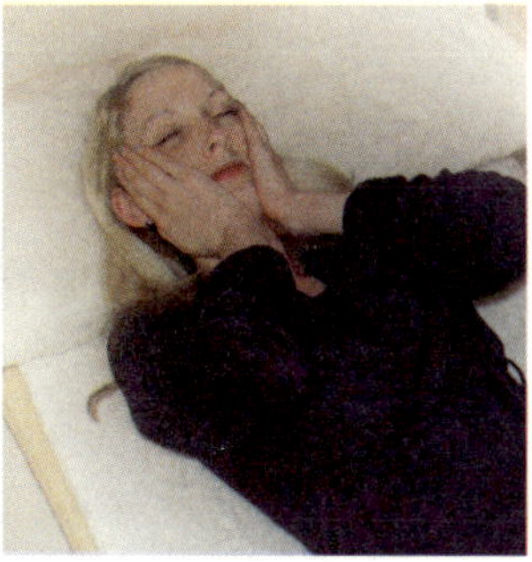

7. Position: Hals und Nacken

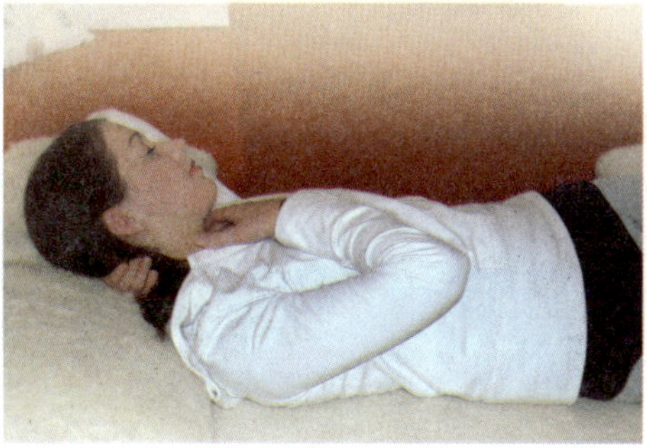
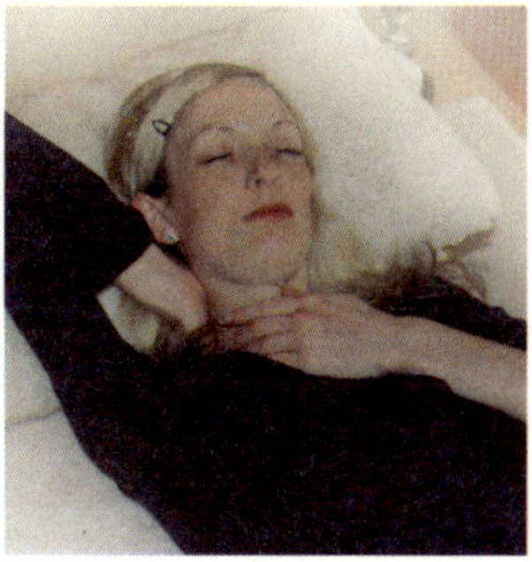

8. Position: Herz und Brustkorb

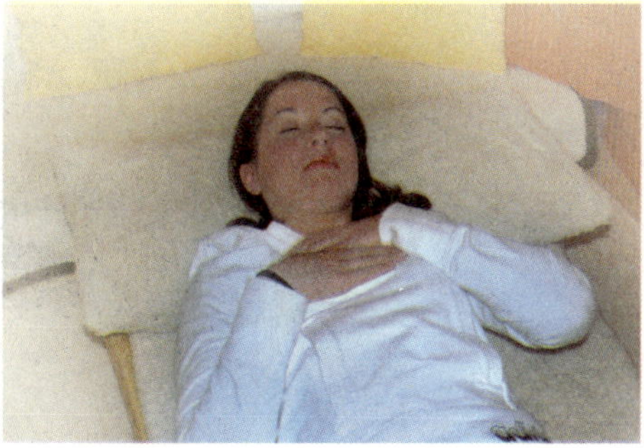
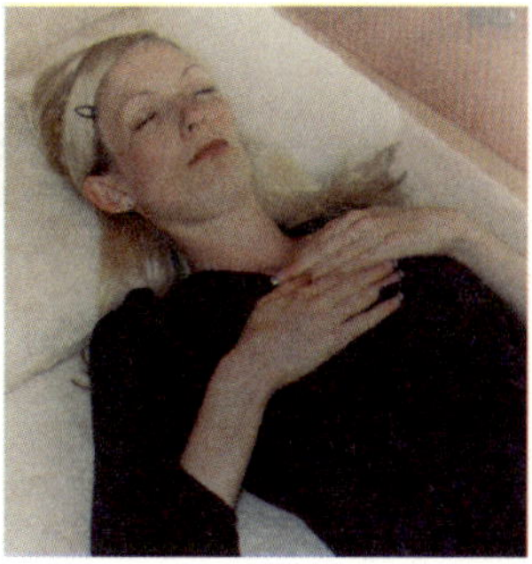

9. Position: Bauch

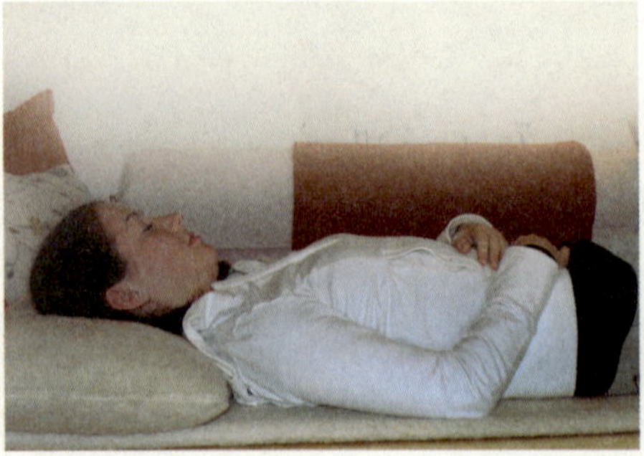

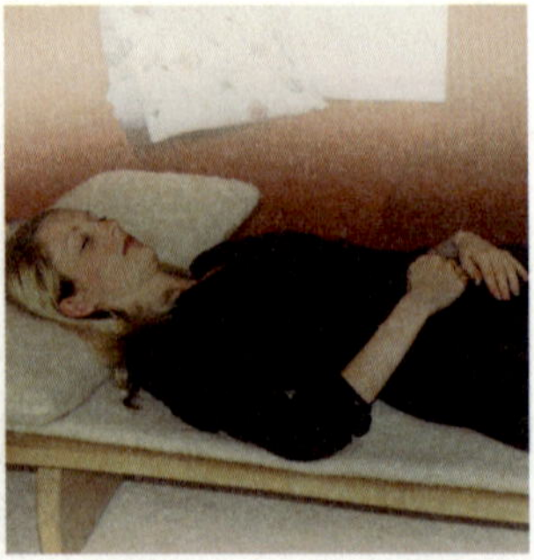

10. Position: Nieren

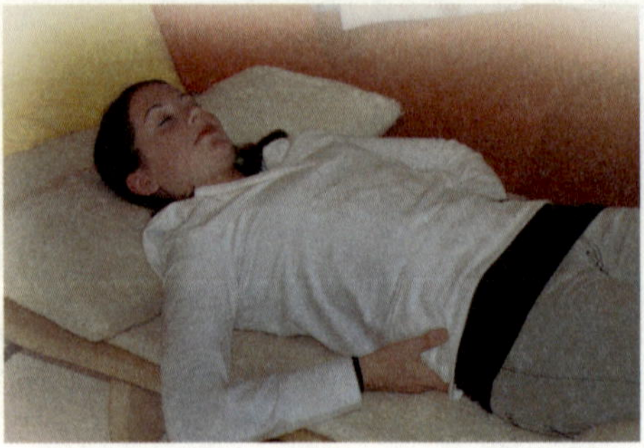

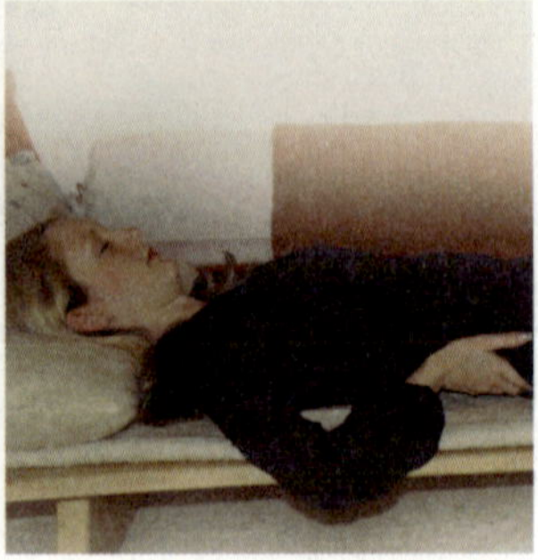

11. Position: Leisten

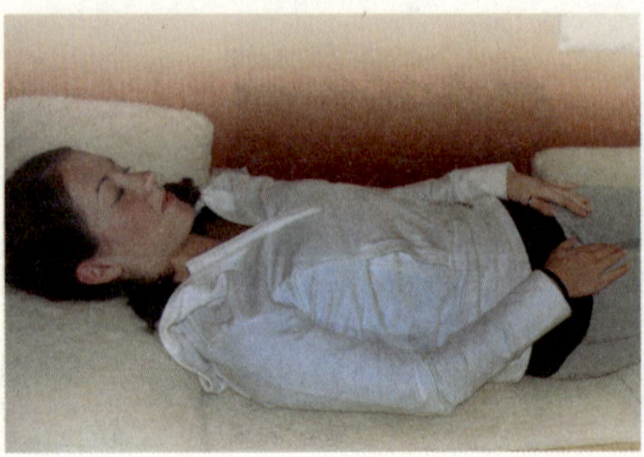

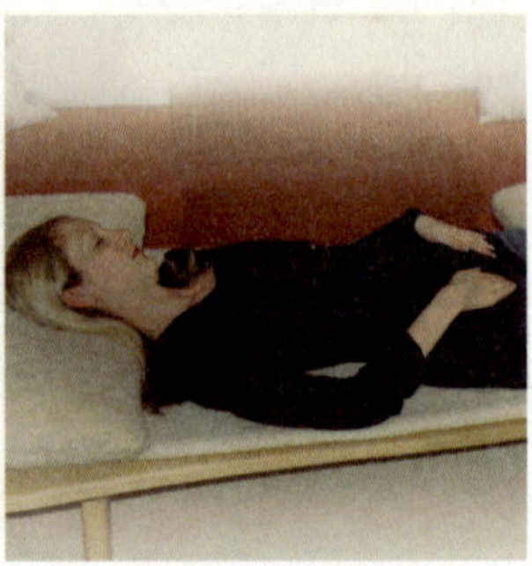

12. die Füße

Abschließen mit Danke

Wir schenken unserem Körper eine ganz besondere Aufmerksamkeit, wenn wir die Eigenbehandlung täglich machen. Es ist wichtig, die Hände spürbar auf den Körper aufzulegen, da dadurch die Reiki-Energie sehr schnell in die Körperzellen und Organe einwirken kann. Sei bereit, das Vertrauen in dir wachsen zu lassen, dass jene Kraft und Intelligenz, die dich hervorbrachte, auch in der Lage ist, alles zu heilen und in Ordnung zu bringen, was in dir, in deinem

Körper, in deinem Leben in Unordnung geraten ist und krank ist.

Indem wir unsere beiden Hände auf die rechte und linke Körperseite auflegen, werden alle Organe und Zellen mit frischer Lebensenergie versorgt, aktive und passive Energieströme werden harmonisiert.

Mit der Zeit finden deine Hände ganz intuitiv das für dich passende Muster. Die konsequente Anwendung der Behandlung trägt sehr wesentlich zu deiner Harmonisierung und Heilung bei!

Aber du brauchst nicht krank zu sein, um dir die Reiki-Wohltat zukommen zu lassen. Reiki-Eigenbehandlung sollte einfach als Entspannung angewendet werden und du kannst daraus sehr viel Lebensenergie, Freude, Liebe und Inspiration schöpfen.

Wer täglich seine Hände auflegt, in sich selbst hineinhört, hineinfragt, der weiß auch, dass die Bereitschaft, zu lernen und selbst Verantwortung zu tragen eine Grundvoraussetzung zur Heilung ist. Frag deinen Körper, was ihm fehlt und er wird es dir sagen!

Reiki-Partnerbehandlung

Die Bezeichnung „Partnerbehandlung“ kommt aus dem Seminar. Am ersten Tag lernen alle Schüler die Eigenbehandlung und am zweiten Tag finden sie sich paarweise zusammen, um mit dem jeweiligen Partner, der Partnerin die Reiki-Behandlung zu üben. Zuerst darf sich der Eine hinlegen, dann wird gewechselt. Die meisten Menschen spüren die Energie viel stärker, wenn sie einem anderen Menschen die Hände auflegen. Es ist wunderbar, Reiki zu geben! Wobei *geben* gar nicht richtig ausgedrückt ist, denn der Körper nimmt Reiki. Reiki geben bedeutet daher, in liebevoller Bereitschaft dem anderen Lebewesen in reinem Vertrauen auf Reiki die Hände aufzulegen. Dabei strömt Reiki durch den, der Reiki gibt. Wir nennen das, als „Reiki-Kanal“ arbeiten. Reiki geben und auch Reiki bekommen ist sehr angenehm. Die Energie wird meistens als Wärme oder als ein sanftes Prickeln oder Pulsieren empfunden. Wenn wir dabei vollkommen still sind, können wir Reiki am besten aufnehmen und alle Zellen, die Gedanken, die Gefühle, dürfen sich tief in die Entspannung hineinfallen lassen und der Mensch kann abschalten. Viele fallen in eine Art Halbschlaf. Oft kommen innere Bilder wie ein leichter Traum, um verarbeitet zu werden. Tagesereignisse werden aufgearbeitet, aber auch tief in uns abgespeicherte Erinnerungen können hochkommen. Kathrin zeigt dir nun die Griffe der Partnerbehandlung.

Einstimmen und dann Aura ausstreichen

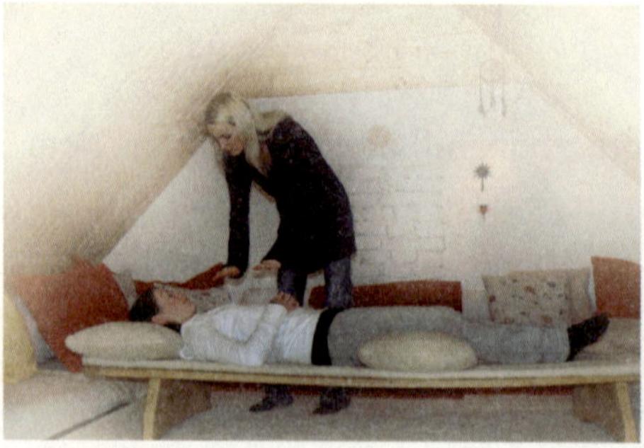

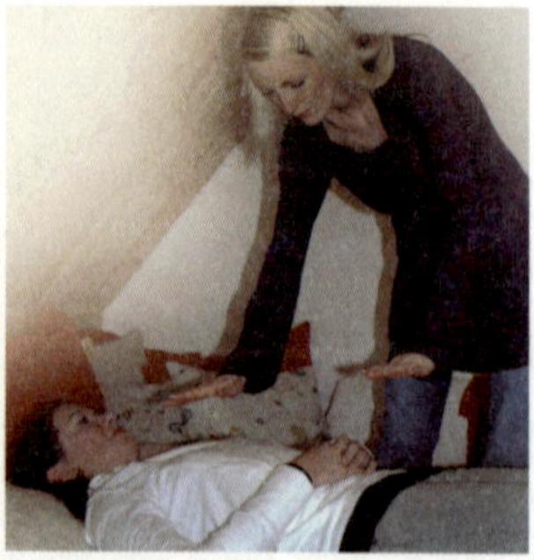

1. Augen

2. Kopf 1

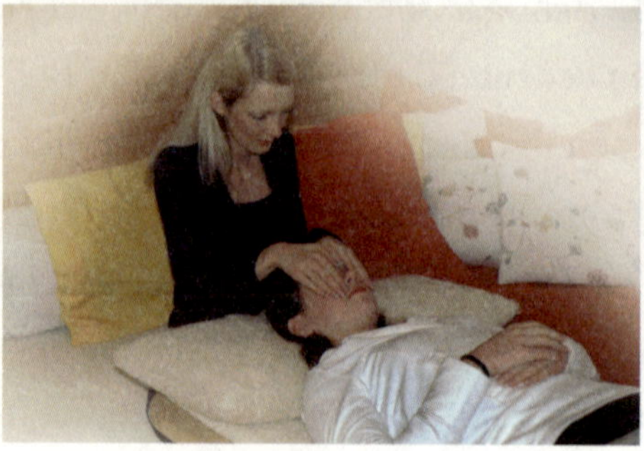

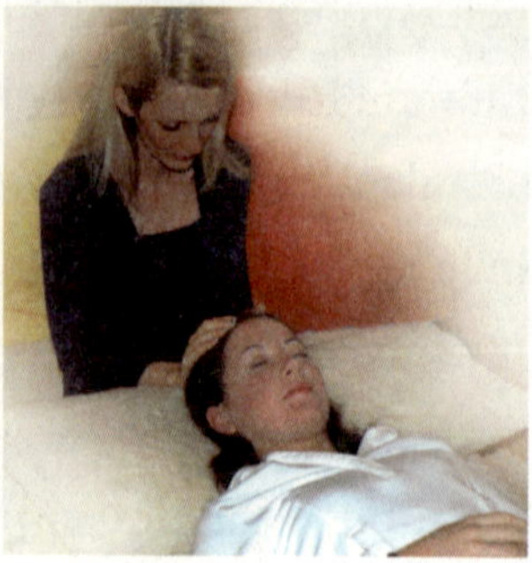

3. Ohren

4. Kopf 2

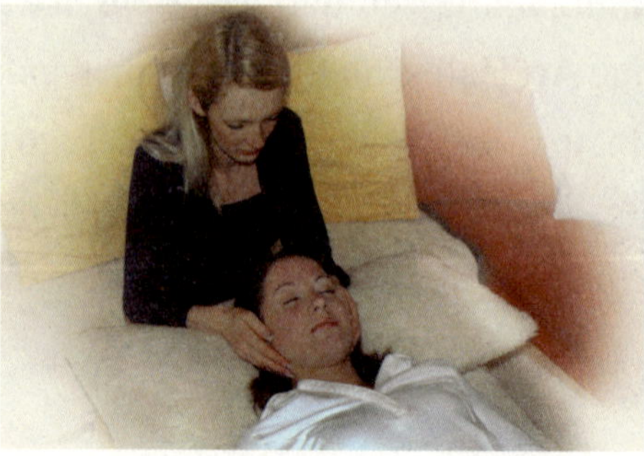

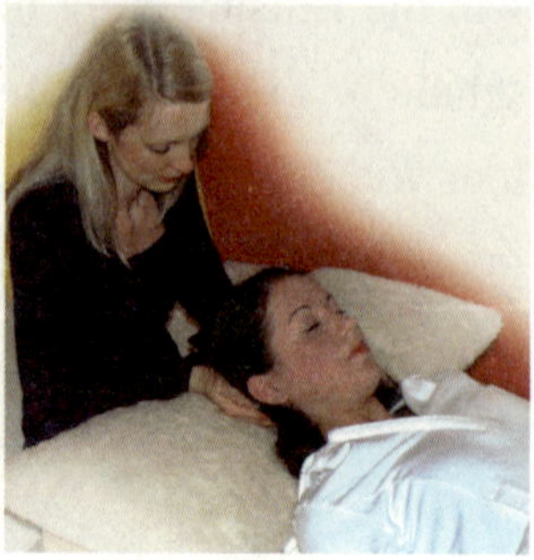

5. Hinterkopf und Stirn

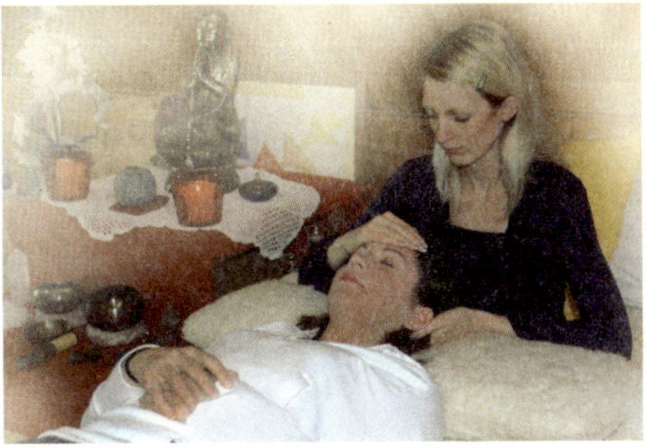

6. Kinn

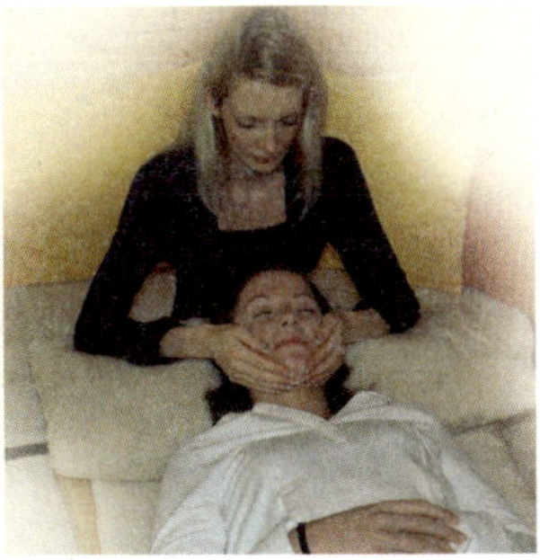

7. Hals

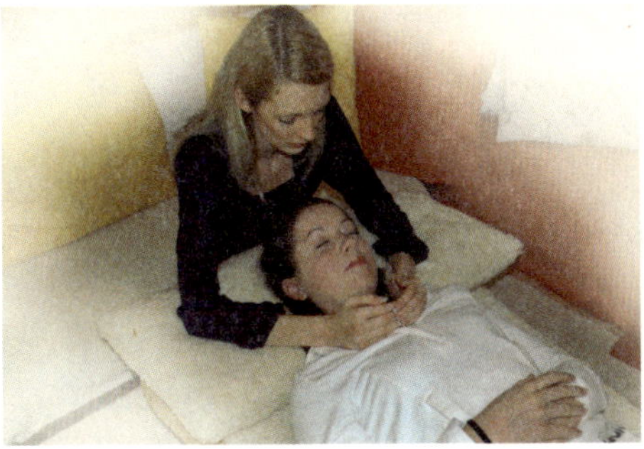

8. Herzzentrum

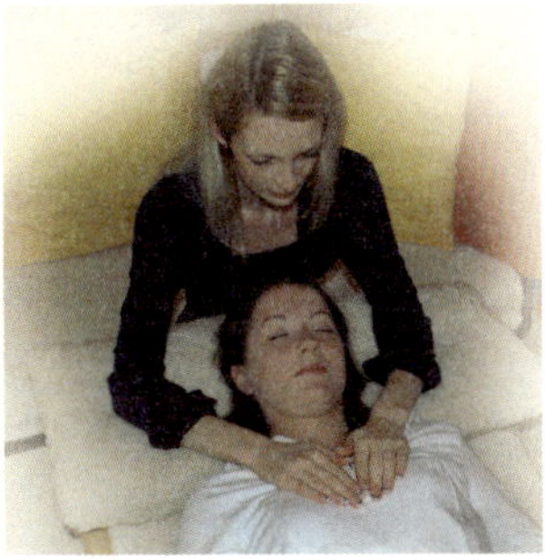

9. Hand-Ellbogen 1

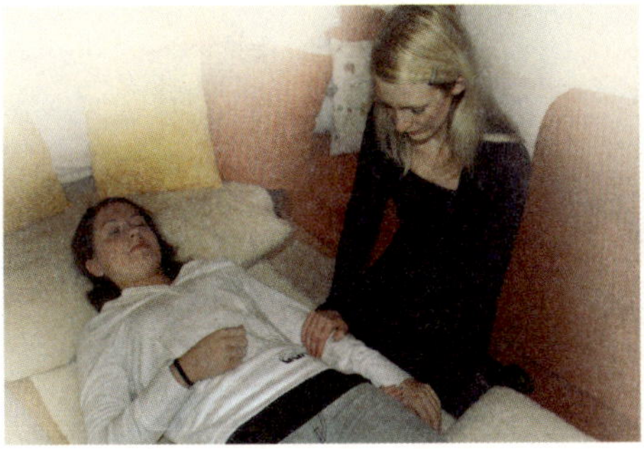

10. Hand-Oberarm 1

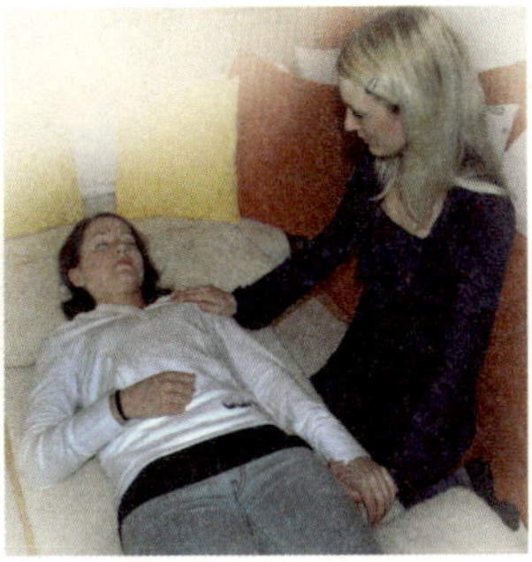

11. Brustkorb 1

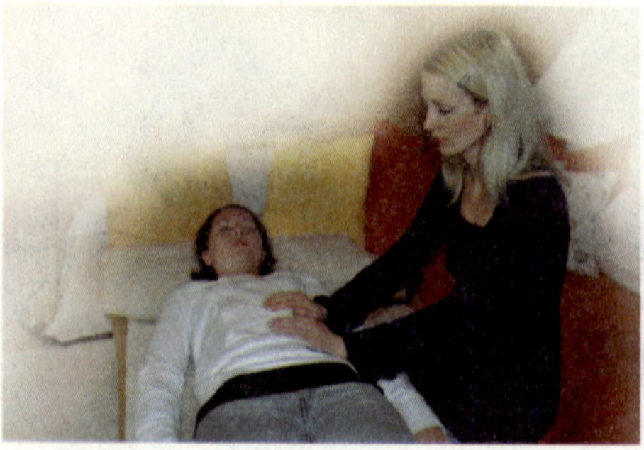

12. Brustkorb 2

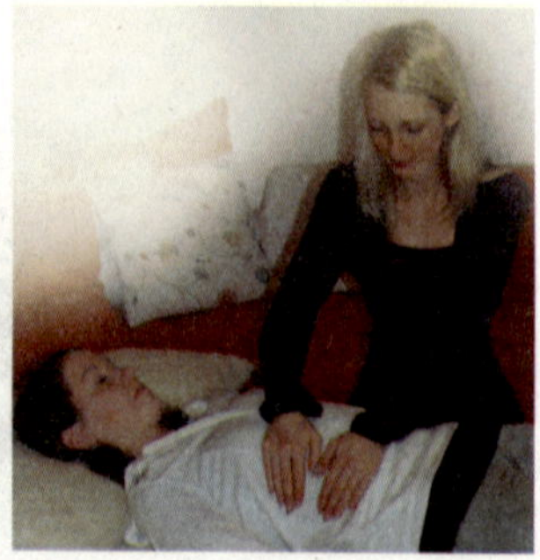

13. Bauch

14. Hüften, Nieren

15. Leisten

16. Knie

17. Hand-Ellbogen 2

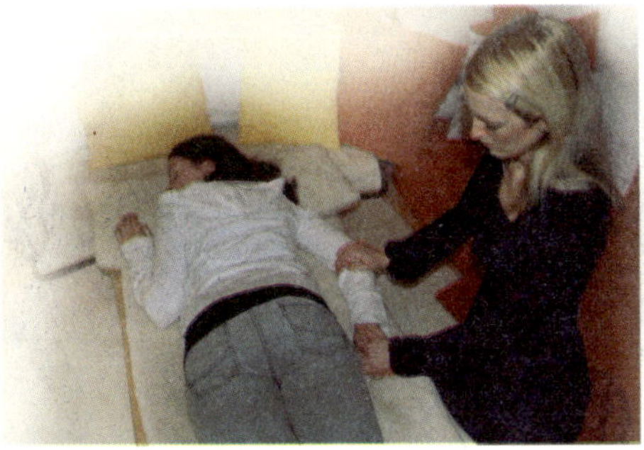

18. Hand-Oberarm 2

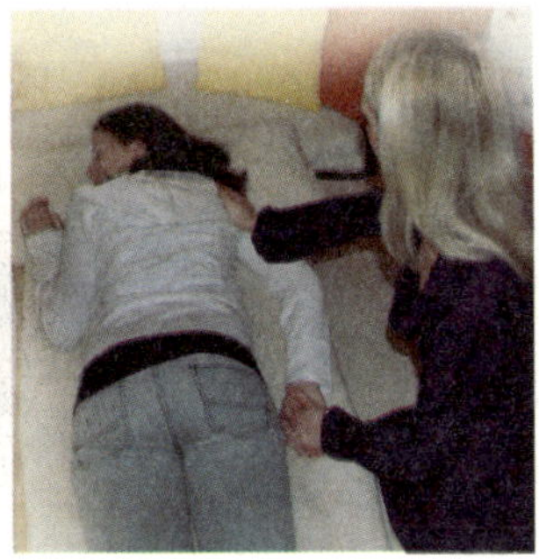

19. Schultern

20. Nacken

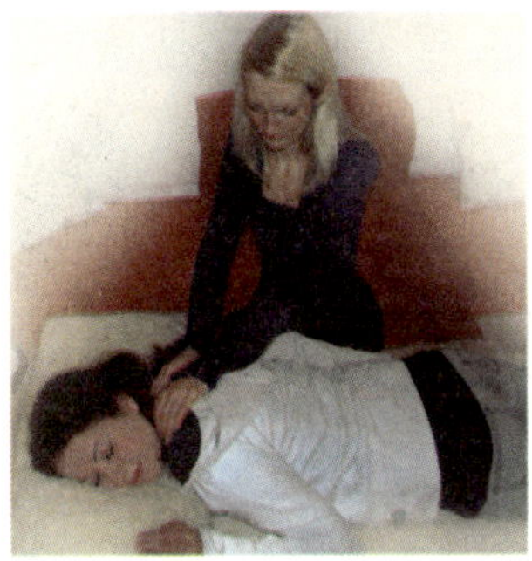

21. Rücken

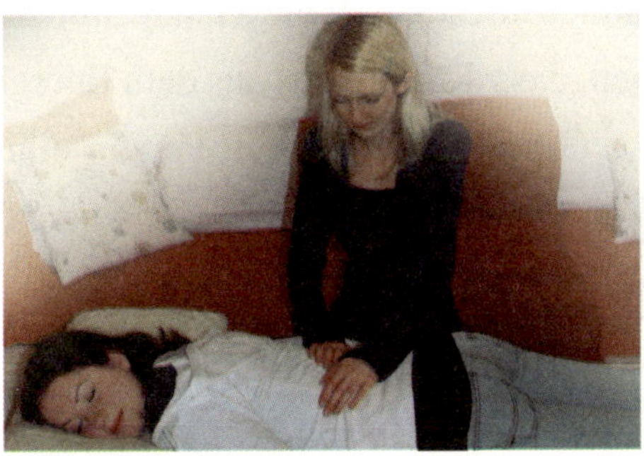

22. Hüfte

23.großes T

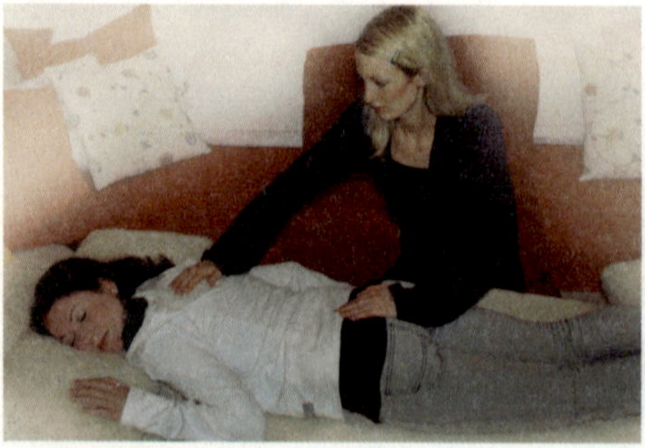

24. Kniekehle

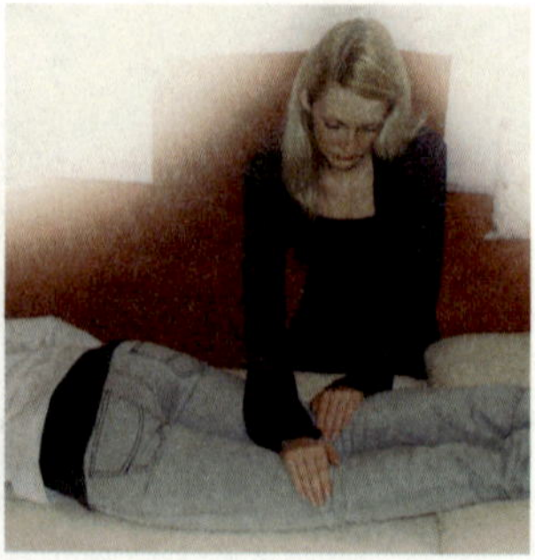

25. Fußsohlen

26. Danke

Bevor du dein Schlussgebet sprichst, kannst du nochmals die Aura sanft ausstreichen. Dann solltest du deine Hände mit dem Gedanken gegeneinader reiben, dass du dich jetzt aus dem Energiefeld der anderen Person löst. Gib der behandelten Person einige Minuten Zeit, nachzuspüren und langsam aufzuwachen. Nutze die Zeit für dich, entspanne dich in Dankbarkeit und Stille.

Reiki und seine Geschichte

Um jede spirituelle Lehre ranken sich Legenden und Mythen. So auch um Reiki. Über Ursprung und Anzahl der Reiki- Symbole wird ebenso gerätselt und spekuliert, wie sich um die bekanntesten Meister des Pfades auch bereits Mythen ranken. Die Kunst der Lebensenergieübertragung, der Heilung über die Hände und die Kunst, in Harmonie mit dem Schöpfungsprinzip leben zu lernen, sind wohl so alt wie die Menschheit selbst. Wir haben es dem Japaner Mikaomi Usui, geboren 15.8.1862 in Yago, Yamagata, Gifu in Japan zu verdanken, dass er uns diese Kunst lehrte und uns die universelle Lebensenergie-Quelle „Rei-Ki" wieder eröffnet hat. Das japanische Wort „Rei-Ki" heißt soviel wie *universelle Kraft*. Ich gedenke daher in Liebe, Ehre und Dankbarkeit dem Begründer der Usui Reiki Ryoho Gakkai (Usui Reiki Heilungsgemeinschaft) mit Sitz in Tokio. Mikao Usui wurde der Titel *Sensei* verliehen, welcher einen Professor, Doktor oder Lehrer höheren Ranges auszeichnet. Wir wissen nicht besonders viel aus dem Leben dieses weisen Reiki-Meisters. Sicher ist aber, dass er ein spirituell Suchender und Wissender war. Er meditierte gerne am heiligen Berg Kurama nördlich von Kyoto und bekam auch dort, als er sich einmal 21 Tage zum Fasten und zur Meditation zurückgezogen hatte, seine Reiki-Einweihung aus dem Kosmos. Mikao Usui begann mit seinen Händen zahlreiche Menschen zu behandeln und erstaunliche Heilerfolge führten dazu, dass er viele Menschen in Reiki unterwies.

Sensei Mikaomi Usui

Liebe ist die Quintessenz von Reiki

Wir wissen nicht genau, wie viele Reiki-Kliniken und Reiki-Schulen in Japan zu seiner Zeit entstanden sind. Wir wissen aber, dass sich sein Ruhm bald über das ganze Land verbreitete. Usui Sensei, den wir als unseren Großmeister verehren, starb im Alter von 62 Jahren am 9. März im fünfzehnten Jahr der Thaisho-Zeit (1926).

Zu uns in den Westen kam Reiki durch Frau Hawayo K. Takata. Über Frau Hawayo K. Takata wissen wir mehr durch die Bücher von Helen J. Haberly und Fran Brown und natürlich durch ihre Enkelin Frau Phyllis Lei Furumoto. Frau Takata wurde am frühen Morgen des Heiligen Abends im Jahre 1900 auf der Insel Hawaii geboren. Ihr Leben war nicht leicht. Schon als junges Mädchen musste sie hart arbeiten und das Schicksal erlegte ihr manche Prüfung auf. Ihr Ehemann starb in sehr jungen Jahren, eine ihrer Schwestern verstarb plötzlich und sie selbst erkrankte schwer. Doch die Fügungen des Lebens brachten sie nach Japan in die Reiki-Klinik von Dr. Chujiro Hayashi, einem Arzt und Reiki-Meister, der von Usui Sensei ausgebildet worden war. Hier wurde sie nicht nur geheilt, sondern empfing nach hartnäckigen Bitten auch die Reiki-Einweihungen und wurde schließlich zur Reiki-Meisterin ausgebildet. Durch Frau Hawayo Takatas` vorzügliche Arbeit kam Reiki über Amerika etwa 1980 nach Europa.

Wie immer Usui Sensei, Dr. Hayashi, Frau Takata und all die anderen Reiki-Meister und Reiki-Meisterinnen rund um den Erdball auch Reiki gelehrt haben oder lehren, immer wird es einen Bezug zu der jeweiligen Kultur geben. Denn jeder Mensch, jeder Meister, jedes Volk ist geprägt von der Kultur, der Wissenschaft, der Religion, den Gebräuchen des Landes und der Zeit. Wenn Reiki zu uns kommt, dann holt uns Reiki genau dort ab, wo wir stehen.

Es wäre nicht christlich,wenn wir das Geschenk von Reiki nicht dankbar annehmen und leben würden.

Es wäre nicht Reiki, wenn Buddhisten oder Shintoisten die Segnung der Einweihung den Christen vorenthalten würden.

Wir können daher Reiki als Lehre nicht gesondert oder herausgelöst aus einer Zeitepoche betrachten, sondern immer als etwas, das mit uns, mit unserem Leben, unserer Zeit und all ihren Erscheinungen in engster Berührung und Wechselwirkung steht. Die Reiki-Lehre ist daher eine sehr lebendige Lehre, individuell und immer auf die Kultur und Entwicklungsstufe des einzelnen Menschen bezogen. Vor allem jeder Reiki-Meister und jede Reiki-Meisterin sollten sich persönlich für andere Menschen vorbildlich und glaubhaft zur Verfügung stellen, mit ihrem Wissen, mit ihrem Können. Da wir heute noch nicht über das Wissen verfügen, welches das Wandlungsspiel des Lebens uns vielleicht bereits morgen lehrt, müssen wir akzeptieren, dass wir eben nicht allwissend sind. Wir sollten bedenken, dass wir auch als Reiki-Meister und Lehrer selbst noch Lernende sind! Die Offenheit, mit der der Reiki-Meister dir begegnet, die Aufrichtigkeit in persönlichen Bereichen und in Bezug auf Reiki, die Liebe und Toleranz, die ein Meister ausstrahlt, zeigt, welche Entwicklungsstufe er einnimmt. Ein spirituell erwachter Mensch hat nichts zu verbergen oder zu verheimlichen. Ein Meister zeigt seine Stärken und braucht Schwächen nicht zu verstecken. Ein spirituell erwachter Meister bekennt sich zu seiner Menschlichkeit und gibt Erfahrung und Wissen frei und offen weiter. Er steht zu dem, was er ist. Ein liebevoller Meister wird daher, angepasst an die Zeit und ihre besonderen Herausforderungen, offen und ehrlich mit seinen Mitmenschen und mit sich selbst umgehen.

Das bedeutet, dass wir heute nicht so lehren können, wie Usui am Beginn dieses Jahrhunderts in Japan lehrte. Diesen Anspruch können wir nicht erheben. Wir können auch nicht so lehren, wie Frau Takata in Hawaii lehrte. Ich kann nicht so lehren, wie irgend ein anderer Reiki-Meister lehrt, wie gut dieser auch sein mag. Ich kann nur so lehren, wie meine ganze Erfahrung, mein Wesen, mein Wissen, meine Weisheit, meine Kultur, meine Liebe und meine Verantwortung es möglich machen. Dadurch wandelt sich die Reiki-Geschichte und die Reiki-Lehre entwickelt sich weiter, von Tag zu Tag. Reiki wandelt sich, weil die Zeit sich wandelt und wir täglich dem Leben neu begegnen.

Liebe ist die Quintessenz von Reiki.
Sinn einer Lehre ist es, dem Menschen
zu dienen - nicht umgekehrt!

Gebet:

Geist, ruhende Kraft in allem Seienden, Licht im Lichte,
in deine Hände will ich mich legen.
Durchströme mein Wesen, tritt ein in mein Haus,
erleuchte meinen Körper und all seine Zellen.
Löse mit der Kraft deines heilenden Strahles jegliche
Disharmonie auf.
Verwandle alles, was krank und unvollkommen ist, damit mein
Körper vollkommen gesund, schön und hell sich in seinem
Ursprungslichte manifestieren kann.

Die Heilkraft von Reiki

Reiki ist eine sehr starke Energie, eine sehr hohe Schwingung. Reiki dringt tief in unseren Körper ein. Diese universale Lebensenergie wird vom Organismus angesaugt und hilft ihm, seine Selbstheilungskraft zu entfalten und zur Wirkung zu bringen. Der Heilungsprozess in allen körperlichen, psychischen, geistigen und transzendentalen Ebenen unseres Seins wird dadurch optimal unterstützt.

Wenn wir von Heilung sprechen, setzen wir oft Erkrankung voraus. Wenn heutzutage von Erkrankung gesprochen wird, dann wird damit oft eine Minderung der Vollwertigkeit des Erkrankten gleich mitgeliefert. Verständlich, da wir in unserer westlichen Gesellschaft gewohnt sind, Werte vordergründig aus Leistungsfähigkeit, Nützlichkeit und Gewinnorientierung abzuleiten. Wer diese Nützlichkeit körperlich oder psychisch nicht in unsere Gesellschaft einbringt, gilt als krank. Der menschliche Körper wird dabei wie eine Maschine betrachtet und die Bestrebungen der Medizin gehen dahin, die defekte Maschine so schnell wie möglich zu reparieren, eventuell verbrauchte Bestandteile auszutauschen und sie wieder leistungsfähig und brauchbar zu machen. Doch diese Art von Reparatur dürfen wir nicht gleichsetzen mit dem vielschichtigen Vorgang einer Heilung.

Bitte verstehe mich nicht falsch. Es ist natürlich wunderbar und wünschenswert, dass nach einem Unfall ein Kniegelenk eingesetzt werden kann, dass durch Medizin ein Leben verlängert werden kann, durch eine Operation ein Tumor entfernt werden und der Patient seinen Beruf wieder schmerzfrei ausüben kann. Doch all das bedeutet noch nicht notwendigerweise Heilung.

Heil werden bedeutet ganz werden, vollkommen werden.

Heil werden setzt auch nicht unbedingt Krankheit voraus. Heilung bedeutet die Möglichkeit, das zur Entfaltung zu bringen, wozu wir seelisch angelegt sind. Wir sind von Gott geschaffen, heilig und heil. Dieser göttliche Same liegt im Herzzentrum von jedem von uns. Es liegt an uns, diesen Samen zu nähren und zur Entfaltung zu bringen. Es liegt an uns, wieder heilig zu werden, heil zu sein!

Krankheit mag auf diesem Wege möglicherweise bedeuten, einen sehr hilfreichen Meister zu haben. Daher bedeutet Heilung nicht, die Krankheit zu bekämpfen, sondern ihre Botschaft anzunehmen, daraus zu lernen und sich von der Krankheit zu lösen. Auf dem Wege der Heilung hin zur ganzheitlichen Heiligkeit mag es aber sein, dass uns nicht nur Krankheiten im Wege stehen, sondern Hindernisse verschiedenster Art. Hindernisse in der Psyche, im Denken, Hindernisse in den zwischenmenschlichen Beziehungen, Hindernisse auf gesellschaftlicher, politischer oder beruflicher Ebene, Hindernisse im ökologischen Zusammenspiel mit der ganzen Natur.

Wenn wir uns und andere mit Reiki behandeln, so strahlen die Schwingungen der göttlichen Heilkraft durch Stoffe, Gipsverbände und diverse Materialien hindurch. Reiki wirkt auch in unserem Beruf und auf dem Bankkonto! Für den unsichtbaren göttlichen Geist gibt es keine Hindernisse.

Wir brauchen uns für eine Reiki-Behandlung nicht zu entkleiden. Zugedeckt entspannen wir uns leichter und tiefer. Reiki lindert Schmerzen. Akute und chronische Krankheiten bei Mensch, Tier und Pflanze können, so es göttlicher Wille ist, geheilt werden. Innerhalb von drei Wochen lassen sich bereits enorme Veränderungen im Körper feststellen. Alle inneren Organe, Nerven, Drüsen, Zellen werden mit universeller Lebensenergie versorgt und können so wieder ihre normale Funktion übernehmen. Die Nerven können sich entspannen, Verkrampfungen lösen sich, Blutkreislauf und Verdauungssäfte fließen wieder in natürlichem Umfang. Die Atmung findet ihren ursprünglichen Rhythmus. Ruhiges gesundes Atmen versorgt den Organismus mit Sauerstoff.

Reiki wirkt über unsere Aura, die Chakren, die Drüsen bis tief in den Stoffwechsel und Zellaufbau unseres Körpers. In meinen Reiki-Behandlungen habe ich es oft so erlebt, als würden sich kranke Zellen wieder an ihren ursprünglichen und gesunden genetischen Code erinnern. Vor allem dann, wenn ich bei der Behandlung auch die Reiki-Symbole einsetzte. Dabei gehe ich immer intuitiv vor und vertraue der Weisheit meiner Hände. Es gibt Reiki-Meister, die bestimmte Handpositionen für bestimmte Krankheiten oder Symptome empfehlen. Natürlich machen wir viele Erfahrungen, die Zuordnungen ergeben wie beispielsweise eine Verbesserung der Konzentrationsfähigkeit, wenn wir die Hände so auf den Kopf auflegen, dass die rechte und linke Gehirnhälfte ausbalanciert werden. Die besten Heilungsergebnisse erzielte ich aber mit der

Ganzbehandlung. Wir sind eine körperliche und auch eine energetische Einheit. Wenn ein Organ erkrankt ist, müssen alle anderen Organe mitwirken, um das Problem auszugleichen. Daher ist eine Ganzbehandlung immer von Vorteil und wirkt stärkend für den gesamten Organismus. Durch die intuitive Reiki-Behandlung lernen wir, uns bedingungslos der Weisheit von Reiki hinzugeben.

Behandeln wir mit Reiki, so setzt im ganzen Körper eine Entgiftung ein. Alte Giftstoffe, die sich vielleicht in vielen Jahren angesammelt haben, verlassen den Körper durch den Darm, durch Urin, Schweiß und Tränenflüssigkeit. Tränen während einer Behandlung sind daher immer ein Zeichen, dass sich alter Schmerz und „seelischer Müll" lösen. Es ist sehr wichtig, die Reiki-Heilbehandlungen durch Trinken von reinem gutem Quellwasser zu unterstützen um Gifte ausschwemmen zu können. Spaziergänge in der frischen Luft, vor allem im Wald und in einer Umgebung, wo die Pflanzen so hoch sind, dass unser ganzer Körper in ihr gesundes Ch'i eintauchen kann, unterstützen die Reiki-Heilwirkung ebenso wie Lachen, Tanzen, Singen und jede Art von gesunder und kreativer Arbeit.

Gott gab uns Hände zum Arbeiten und zum Heilen. Gott gibt uns durch Reiki die Möglichkeit, körperliche Gesundheit, Wohlbefinden und seelische Reife zu erlangen. Wir haben die Chance, uns aus der Unwissenheit zu befreien und weise und harmonisch mit uns selbst und anderen zu leben. Gesundheit, Glück, innerer und äußerer Reichtum und ein langes friedvolles Leben sind die Antwort auf unser ehrliches Suchen, sind das Ziel, das wir erreichen können, wenn wir den Segen unserer Reiki-Hände täglich bei uns selbst anwenden.

Gnade

Die Heilkraft von Reiki ist allumfassend.
Körper, Geist und Seele
können Reiki aufnehmen.

Reiki ist eigenintelligent und die göttliche Heilenergie
weiß am besten, was gerade jetzt gut und nötig ist.

Wir sollten bedingungslos mit Reiki behandeln
in reinem Vertrauen auf die göttliche Heilkraft.

Akute und chronische Krankheiten
können behandelt werden,
die Selbstheilungskräfte werden gestärkt.

Gerade heute lasse allen Ärger los!

Usui Sensei, unser weiser Meister und Lehrer, hat uns fünf Lebenshilfen mit auf unseren Reiki-Weg gegeben. Hilfen, die wir annehmen können. Sätze, an denen wir uns orientieren und wachsen können. Die erste Hilfe lautet:

„Gerade heute lasse allen Ärger los!“

Ja, gerade heute lasse allen Ärger los. Was will Meister Usui uns damit sagen? Gibt es Ärger in deinem Leben? Wo im Körper kannst du Ärger fühlen? Was macht der Ärger mit dir? Körperlich oder psychisch? Wie bist du bisher mit Ärger umgegangen?

Beginne damit, Situationen zu betrachten, in denen du dich geärgert hast. Wie hast du dich in solchen Situationen verhalten? Das ist nicht bei jedem Menschen gleich. Manche Menschen geben ihrem ärgerlichen Gefühl sofort Ausdruck; ihre Stimme wird lauter, sie schlagen um sich, lassen eine Tür zuknallen und ähnliches. Andere Menschen fressen den Ärger in sich hinein. Sie werden verbissen, verschlossen und finster. Manche Menschen schleppen den Ärger tagelang als schlechte Laune mit sich herum. Sie lassen ihn nicht richtig heraus. Wie eine vergiftete atmosphärische Wolke hängt er um sie herum. Und nun sagt uns Meister Usui: Lass den Ärger los! Viele Menschen versuchen, Ärger mit ihren Gedanken zu bekämpfen und entfachen geradezu ein innerliches Kampfgetöse gegen den Ärger. Doch der Ärger ist eine Emotion. Und Emotionen und Gedanken beeinflussen sich gegenseitig. So geraten unsere

Gefühle und Gedanken manchmal in noch stärkere Reibung, was den Ärger noch mehr entfachen kann. Um Ärger loslassen zu können, und zwar so loslassen, dass er sich nicht unkontrolliert gegen jemanden entlädt, ist es daher notwendig, Emotionen und Gedanken voneinander zu trennen. Ich kann Ärger sehr stark in meinem Bauch spüren, eine wilde tosende Energie, die in mir schreit! Mir hilft es daher, wenn ich beispielsweise einen lauten Ton ausstoßen kann. Und ein etwas lauter Ton ist auch ein Warnsignal für den anderen, damit er erkennt, dass jetzt eine Grenze erreicht ist. Wir sollten keine beleidigenden Worte schreien, keinen Inhalt in den Schrei hineinlegen, außer eben ehrliche Emotionen, Gefühl! Worte, die wir herausschreien, haben nämlich die Tendenz, sich zu verwirklichen. Wenn jemand oft genug seinen Partner anschreit, „verschwinde endlich", dann ist die Wahrscheinlichkeit sehr groß, dass der Partner eines Tages wirklich verschwunden ist. Alles Gejammer, „ich hab es ja nicht so gemeint, ich hab mich doch bloß geärgert", hilft nichts mehr.

Freilich kann man nicht immer laut schreien, aber man kann auch leise schreien; und das heißt, einfach von ganz tief unten herausatmen! Also die Energie aus dem Bauch herausholen. Du kannst auch durch körperliche Arbeit die Energie herausholen. Doch du solltest darauf achten, wohin die ärgerliche Energie fließt. Holzhacken ist entschieden sinnvoller, als Teig kneten. Im ersteren Fall gerät der Ärger in das reinigende und transformierende Feuer, im zweiten Fall schluckst du ihn als einen „Germknödel" wieder hinunter! Sei selbst kreativ und versuche herauszufinden, wie du mit deinen negativen Emotionen umgehen könntest.

Im nächsten Schritt lernst du, die Situation genau zu betrachten, die den Ärger verursacht hat. Ist der Druck der Emotionen nun nicht mehr so stark, so kannst du viel klarer denken. Du kannst nun vernünftiger überlegen und dann gezielt handeln. Gerade jetzt, gerade heute kannst du etwas tun, um die ärgerliche Situation zu bereinigen. Wenn du deine Reiki-Eigenbehandlung regelmäßig machst, wird dir das auch sehr helfen, erst gar nicht mehr so schnell ärgerlich zu werden, da du ganz allgemein ruhiger und gelassener bleiben kannst.

Ich habe mich beispielsweise früher oft sehr geärgert, wenn ich mit jemandem verabredet war und derjenige mich warten ließ. Oft hat uns dann mein Ärger die gemeinsame Zeit ordentlich vermiest. Und ich gehörte auch noch zu jenen Unglückseligen, die Konflikten tunlichst aus dem Weg zu gehen versuchten. Ich spielte die Souveräne! Dies führte zu einer unnahbaren und leicht überheblichen Verhaltensweise. Arroganz und unterdrückter Ärger für eine nicht offen eingestandene Enttäuschung. Konfliktbereitschaft ist etwas, das wir auf dem Weg der Heilung lernen müssen. Ich habe gelernt, den anderen auf das, was mir wichtig ist, aufmerksam zu machen. Ich musste lernen, mich auch einmal einem Konflikt zu stellen und zu sagen, was mir nicht passt, anstatt mich nur zu ärgern. Andererseits habe ich aber auch gelernt, dass es manchmal ein wahrer Segen ist, wenn etwas nicht so eintrifft, wie ich es wollte. Oft fand etwas Schöneres und Wichtigeres statt.

Wenn du Tag für Tag die Hilfe von Meister Usui, *„gerade heute lasse allen Ärger los“*, in dein Leben integrierst, so wird dies sehr wesentlich zu deinem Wohlbefinden beitragen. Du lernst dadurch, wahrhaftig zu sein, ehrlich und aufrichtig vor dir selbst und vor anderen. Es ist besser, anderen Menschen deinen aufrichtigen Unwillen zu zeigen, als gute Miene zum bösen Spiel zu machen.

Selig sind auch jene, die sich gleich Dornen verhalten,
um die Rosen Gottes zu beschützen.
Sie kämpfen um das heilige Gut der Wahrhaftigkeit
in ihrem Inneren.
Das Feuer ihres Temperaments und die Glut
ihrer Begeisterung für das, was ihnen heilig ist,
entströmt ihrem Atem.
In heiligem Zorn verbrennen sie ihre Unvollkommenheit
und steigen geläutert aus der Asche.

Gerade heute

Quälender Ärger zermürbt den Geist und den Körper.
Quälender Ärger schwächt unser Herz, raubt uns die Freude.

Wenn ich meinen Ärger unkontrolliert zeige,
ahmen die Kinder dieser Welt meinen Ärger nach,
weil Kinder, die kleinen wie die großen,
alles nachahmen.

Gerade heute lasse ich allen Ärger los.
Gerade heute bin ich voller Freude.

Gerade heute lasse alle Sorgen los!

Auch bei den Sorgen heißt es genau hinspüren und hinschauen. Wo im Körper kannst du Sorgen fühlen? Was machen Sorgen mit dir? Körperlich, psychisch und in deiner Gedankenwelt? Wie gehst du mit Sorgen um? Ja und worüber sorgst du dich, zeitlich betrachtet? Die Gegenwart? Die Vergangenheit? Die Zukunft?

Wenn wir uns über ein Ereignis in der Vergangenheit Sorgen machen, führen wir dadurch diesem Ereignis immer noch Energie zu! Ja, nähren es geradezu und erhalten es somit am Leben. All das Grübeln „hätte ich doch, hätte er, sie, es doch...“, bringt doch gar nichts. Denn durch sorgenvolles Grübeln über die Vergangenheit rauben wir uns nur Energie und wertvolle Lebenszeit! Das, was geschehen ist, ist geschehen! Die Tatsache vergangener Ereignisse können wir nicht mehr ändern. Aber was wir ändern können ist unsere Einstellung, die wir zu einem vergangenen Ereignis immer noch haben. Wir können uns mit der Vergangenheit versöhnen. Wir können uns selbst oder anderen ein Fehlverhalten, das zu dem negativen Ereignis führte, vergeben. Im zweiten Reiki-Grad lernen wir in vergangene Situationen Fernreiki zu schicken, um eben diese Heilung zu bewirken. Wenn wir uns mit unserer Vergangenheit versöhnen, negative Erfahrungen in uns heilen, dann sind Gegenwart und Zukunft frei von sorgenvollen und drückenden Energien, die aus der Vergangenheit nachwirken.

Schaue also nochmal zurück in deine Vergangenheit. Wenn

immer noch sorgenvolle Gedanken auftauchen, dann betrachte diese genau. Frag dich, warum du diese Sorgen nicht loslassen kannst. Vielleicht stehen deine Sorgen in Verbindung mit einer Schuldzuweisung? Die Schuldzuweisungen und die Schuldgefühle sind oft der hartnäckige Klebestoff für Sorgen! Gegen Schuld und Schuldgefühle hilft nur eines, nämlich sich entschuldigen, verzeihen und vergeben. Nur so können wir Schuld loslassen. Hat jemand anderer dir etwas zugefügt, was dir Sorgen bereitet, so versuche die Sache zu klären und ihm zu vergeben. Hast du selbst etwas verursacht, was du nun bereust, was dich sorgenvoll bedrückt, so kannst du auch das bereinigen, indem du sagst: „Es tut mir leid!" Du solltest dir auch selbst vergeben. Aber es ist nicht immer leicht. Reiki-Behandlungen helfen dir, die innere Härte, Schuld und Verzweiflung zu heilen, sodass Licht, Hoffnung und neuer Lebensmut in dein Dasein strömen können und du frei wirst.

Ich weiß, wie wichtig es ist, frei zu werden von altem Karma, alter Schuld, alten Ängsten und Sorgen. Wenn wir frei sind, können wir Anteil nehmen am Schicksal des anderen. Wenn wir den Mut haben, uns einander anzuvertrauen, Sorgen auch einmal auszusprechen, können wir einander helfen, sie zu transformieren. Hoffnung spenden verlangt Hochachtung vor demjenigen, der sich uns anvertraut. Wir könnten daher auch sagen:

Gerade heute sorge gut für dich und andere!

Negative Sorgen, die du dir um die Zukunft machst, verdunkeln dein Leben. Wenn du dir andauernd Sorgen machst, dass etwas nicht so wird, wie du es möchtest oder du immer etwas Negatives, etwas Schlimmes befürchtest, so projizierst du geradezu eine negative Erwartung in deine Zukunft. Du *erschaffst* dadurch geradezu eine negative Zukunft. Deine Gedanken, deine Erwartungen, deine inneren Bilder haben Energie und Schöpferkraft. Du solltest vorsichtig damit umgehen. Sorgst du dich um Kinder, Partner, Eltern, Freunde, befürchtest du immer das Schlimmste, so bürdest du deinen Liebsten eine dunkle Negativerwartung geradezu auf! Deine Angehörigen spüren dies, verlieren ihr Selbstvertrauen und verlieren oft auch ihren Glauben an das Gute in der Welt. Begleitest du deine Liebsten mit hoffnungsvollen Gedanken, so stärkst du ihr Selbstvertrauen.

Sorge für gute Gesundheit.
Sorge für deine Sicherheit.
Sorge gut für dich selbst und alles, was lebt.
Sorge für ein positives Klima in dir und um dich.
Die stärkste Kraft, um dich selbst, eine Sache oder ein Lebewesen zu fördern, ist die Kraft der Hoffnung!
Hoffe, und neue Wege tun sich auf!

Die stärkste Kraft, um dich selbst, eine Sache oder ein Lebewesen *zu hemmen*, ist die pessimistische Erwartung und die Prophezeihung von Fehlschlägen. Aber natürlich darfst du nicht deinen kritischen Blick und Verstand ausschalten, denn wenn es Missstände gibt, dann musst du sie ansprechen und aufklären! Dann musst du deine Kritik und Bedenken äußern. Das ist ein wichtiger Beitrag, den du zur Harmonie leistest. Wegzusehen negiert in dem Fall dein Verantwortungsbewusstsein.

Die stärkste Kraft, um jemandem zu helfen, ist die Kraft des Vertrauens.

Ich glaube an dich!
Ich glaube an die Liebe in dir!
Ich glaube an die Kraft in dir!

Wir werden es annehmen, wie es kommt.
Wir werden es gemeinsam meistern.
Wir werden an dieser Aufgabe wachsen!
Komm, lass uns vertrauen.
Ich glaube an das göttliche Licht in dir.

Es sind Sätze wie diese, die uns Kraft geben, die uns unterstützen, die uns helfen, die uns von Sorgen befreien. Gerade jetzt, gerade heute. Und gerade heutzutage wissen wir doch bereits alle um die Kraft des positiven Denkens.

Doch mit dem Denken alleine werden wir die Sorgen genauso wenig los wie den Ärger. Denn Sorgen sitzen im Körper, sie können unsere Zellen vereinnahmen, sie können uns lähmen. Wenn wir Sorgen haben, ziehen wir uns zurück, werden steif, sitzen herum, werden unbeweglich. Neben gutem Zuspruch helfen daher Bewegung, frische Luft, atme tief durch, tanze, singe und pflege Aktivität jeder Art! Und natürlich helfen auch unsere Hände, unsere segenbringenden Reiki-Hände!

Es ist jedoch Gottes Wille, der geschieht. Und wenn du auch mit Reiki, Fernreiki, mit positiven Affirmationen und mit schönen

Bildern deine lichte und freudvolle Zukunft visualisierst, voller Hoffnung deine ganze positive Schöpferkraft einsetzt, so kann doch im großen kosmischen Gefüge auch Unvorhergesehenes, Leid und Schmerz dich treffen. Daraus kannst du wieder nur lernen und neue Wege tun sich auf. Auch dann, wenn es dir zuweilen hier auf Erden schlimm und finster erscheint, wird dir die göttliche Vorsehung immer ihr Licht senden und dir neue Möglichkeiten zeigen. Mir hat in schwierigen Situationen oft ein kleines Gebet geholfen. Vielleicht hilft es auch dir.

Gib mir den Mut und die Kraft, zu ändern,
was ich ändern kann,
gib mir die Gelassenheit, zu ertragen,
was ich nicht ändern kann,
und gib mir die Weisheit,
das eine vom anderen zu unterscheiden.

Es zeigte mir, dass ich immer etwas ändern kann und sei es, die Dinge einfach einmal anders zu betrachten.

Jetzt

Gerade heute lasse ich meine Sorgen los.
Gerade jetzt folge ich dem Strahl der Hoffnung
und will voller Zuversicht und Vertrauen sein.

Gerade heute glaube ich an das Gute in dir und in mir.

Ehre deine Eltern, die Lehrer, die Älteren und alle Mitmenschen

Meister Usui bringt uns den Begriff „*Ehre*" in seiner dritten Lebenshilfe wieder nahe. Was bedeutet „*Ehre?*" Bedeutet Ehre gehorchen, unterwürfig sein, sich unterordnen, sich alles gefallen lassen, sich belehren lassen, alles erdulden? Oder bedeutet Ehre achtsam sein, die Meinung des anderen respektieren? Wir sollten uns nicht blindlings unterordnen. Das ist nur Bequemlichkeit. Wir sollten sehr wohl alles prüfen und hinterfragen, was an uns an Geboten, Lehren und auch Vorschriften herangetragen wird. Tun wir es mit Ehre, so lernen wir Toleranz und Respekt für andere Meinungen, Gebräuche und Kulturen zu entwickeln. Ehre bedeutet daher, die Meinung und Sichtweise des anderen gelten zu lassen, auch wenn man selbst anderer Meinung ist. Ehre bedeutet, dem anderen und auch sich selbst die Freiheit der Worte, der Gedanken und des Handelns zuzugestehen. Ehre bedeutet, diesen achtsamen Respektabstand zwischen sich selbst und dem anderen zu wahren. Auch in einer engen Beziehung, wie beispielsweise in der Familie, sollten wir die Achtung vor dem individuellen Freiraum, der Intimzone des anderen unbedingt wahren. Ehre bedeutet, einem anderen Menschen eigene Erfahrungen als Rat wohl anzubieten, Anschauungen mitzuteilen, aber keinen Anspruch darauf zu erheben, dass der andere unseren Rat befolgt. Es bedeutet, dem anderen die Freiheit zu lassen, aus eigener Erfahrung zu lernen. Haben wir nicht aus unseren eigenen Fehlern am meisten gelernt? Usui Sensei hebt hervor: „*Ehre deine Eltern!*" Wie geht es dir mit deinen Eltern? Wie liebevoll, wie dankbar, wie ehrenvoll ist deine Beziehung zu deinen Eltern? Wie frei, wie abgenabelt bist du? Viele von uns sind sich sehr bewusst, welche Fehler ihre Eltern mit ihnen gemacht haben, was diese nach Meinung von Psychologen verabsäumt haben. Aber denken wir doch einmal fünf Minuten darüber nach, was wir Kinder für unsere Eltern tun?

Als meine Mutter fast sechzig Jahre alt war, erkannte ich, wie selten ich mit ihr etwas gefeiert hatte, außer unserem familiären Weihnachtsfest. Wie oft war ich mit meinen Sorgen zu ihr gekommen, doch wenn es mir gut ging, war ich meist woanders. Ich hatte in den letzten Lebensjahren meiner Eltern noch die Chance, viel Schönes mit ihnen zu teilen: Freude, Gedanken, Erfahrungen. Und ich konnte ihnen Dankbarkeit und Ehre ausdrücken. Gott sei Dank.

Vielleicht hast auch du bei deinen Eltern diese Chance noch und vielleicht haben wir sie bei manchen anderen Älteren, die unsere Aufmerksamkeit und Anteilnahme auch sehnlich wünschen und brauchen. Gerade mit Reiki sollten wir diese Chancen nutzen. Nur ein paar Minuten einem alten Menschen die Hand zu halten und zuhören, kann uns selbst reich beschenken.

Zuweilen strahlt uns auch aus einem viel jüngeren Gesicht die Weisheit einer alten Seele entgegen. Wir, die weltlich Älteren, täten gut daran, diese Weisheit anzunehmen und zu ehren. Ehren wir die Kinder, dann werden diese es von uns lernen und uns als Alte auch ehren und respektieren.

Meister Usui bietet uns als Hilfe an: „*Ehre deine Lehrer*".

Ich frage, wer sind denn unsere Lehrer? Oder besser gesagt, welcher Mensch, welches Wesen, das uns begegnet, könnte nicht unser Lehrer sein? Lernen wir nicht alle voneinander? Lernen wir nicht aus allem, was uns begegnet?

„Ehre deine Eltern, die Lehrer und die Älteren", dehnt sich auf alle Mitmenschen aus und auch auf alle Lehren. Es ist wichtig andere Kulturen, Sitten und Religionen ebenso respektvoll gelten zu lassen, wie andere Meinungen und Lebensauffassungen.

Sei freundlich zu allen Lebewesen.
Sei aufrichtig.
Sei gütig.

Güte

Ehre bedeutet Güte und Nachsicht,
Verständnis, Toleranz und Achtung der Freiheit.

Wenn ich gut zu jemandem bin,
dann wird er oder sie die Güte lernen
und auch gut zu anderen sein.

Hass kann nicht durch Hass geheilt werden.
Schlechtes kann nicht durch Schlechtes verbessert werden.

Wenn die Welt nicht gut ist,
dann ist es an der Zeit,
meine Bemühungen zu verstärken
und selbst gut zu sein!

Ehre schenkt Selbstwert,
Ehre nährt Eigenverantwortung.

Dein zweites Geburtsrecht, deine Gedanken, Gefühle und Handlungen

Es gibt außer dem Körper noch einen Raum, den jeder Mensch bei seiner Geburt zur Verfügung gestellt bekommt. Wollen wir diesen Raum Freiraum nennen. Ein Freiraum, in dem wir uneingeschränkte Freiheit der Gedanken, Gefühle und Handlungen besitzen. Dieser Freiraum ist individuell verschieden groß, je nachdem, wie weit wir uns bereits entwickelt haben.

Wenn wir von naturwissenschaftlicher Seite die menschliche Evolution betrachten und die Theorien, die darüber entwickelt wurden, egal ob wir von Darwinismus mit seiner Deszendenz- und Selektionstheorie, dem Lamarckismus oder anderen Betrachtungsweisen ausgehen, immer werden wir die gleichen Grundprinzipien vorfinden: Ein Stammbaumsystem, worin jedes Lebewesen ein Glied in einer Kette ist. Vorfahren und Ahnen als Erbträger. Eine höhere Entwicklung durch Auslese und funktionelle Bedarfsanpassung. Also Leben, das beim „Einzeller"- beispielsweise der Amöbe - beginnt und sich zu immer komplizierteren, bewussten und eigenständigen Lebensformen weiterentwickelt.

Ganz einfach ausgedrückt könnte man sagen: „je mehr ein Lebewesen fähig ist, das Wissen seiner Ahnen individuell weiterzuentwickeln und kreativ umzusetzen, je mehr es in seiner Individualität erwacht und seine Handlungsfähigkeit entdeckt, umso mehr Freiraum für Bewegung und Handlung hat es. Je mehr Eigenständigkeit und Unabhängigkeit ein Mensch entwickelt, desto mehr Verantwortung hat er aber auch. Eines bleibt immer aufrecht und das ist die Wechselbeziehung, in die jedes Lebewesen mit seinen Artgenossen und seinem ganzen Umfeld, dem gesamten Kosmos, eingebunden ist.

Anders betrachtet geht der Stammbaum bis dahin zurück, wo wir noch völlig unbewusst im mütterlichen Schoß Gottes ruhten.

Beleuchten wir also unter diesen Gesichtspunkten unser zweites Geburtsrecht: unseren Freiraum. Als Kind ist er noch sehr eingeengt. Ein Bettchen, ein Laufstall, ein Zimmer. Gedanken sind noch völlig unbewusst und wir sind abhängig von unseren Pflegern. Dafür aber tragen wir noch wenig Verantwortung. Unsere Handlungen werden beschützt, Fehler werden von den Erwachsenen bereinigt. Im Denken und Sprechen ahmen wir unsere Vorbilder nach. Später wird alles eigenständiger und freier, die Verantwortung wächst.

Nun sind wir als Menschheit, in unserer menschlichen Evolution, auch noch in unseren Kinderschuhen. Das Denken der meisten Menschen ist noch sehr manipulierbar. Viele Menschen lassen sich leicht beeinflussen. Nur wenige Menschen beobachten ihre Gedanken, kontrollieren, was sie denken. Nur wenige Menschen sind bereits in der Lage, ihre eigene Gedankenkraft wirklich gezielt einzusetzen. In Bezug auf unsere Gefühle ist es noch schwieriger. Oft fühlen wir uns unseren eigenen Gefühlen geradezu ausgeliefert und wir handeln unüberlegt.

Eine Einengung des Freiraumes erfahren wir aus der Rückwirkung unserer eigenen Gedanken, Gefühle und Handlungen. Wir unterliegen dem Gesetz von Ursache und Wirkung. Wir ernten, was wir gesät haben.

Das heißt, dass jedes Kind kosmisch gesehen ein Recht auf die Früchte dieser Erde hat. Waren wir aber in diesem Leben oder einem vorherigen anderen Menschen die Früchte neidig, haben diese alleine für uns beansprucht oder gar anderen weggenommen, so erleben wir jetzt, wie es ist, wenn andere uns die Früchte streitig machen. Auf der kosmischen Waagschale findet immer ein Ausgleich statt. Haben wir nicht liebevoll miteinander geteilt, haben wir uns nicht verantwortungsvoll ins kosmosoziologische Gefüge eingebracht, dann fällt unser liebloses Verhalten auf uns zurück! So entstand und entsteht das, was wir als Karma, Erbsünde oder Erbschuld bezeichnen. Es ist eine kosmische Gesetzmäßigkeit.

Daher kommt es auch, dass wir beispielsweise durch die Astrologie von unserem Geburtsradix ablesen können, welcher Freiraum und Erfahrungsraum uns in diesem Leben zur Verfügung steht und auch, wie wir unser Karma erlösen können. Doch wir sollten erkennen, dass trotz aller schicksalhafter Rückwirkungen und evolutionsbedingter Erfahrungen uns *immer ein Freiraum* bleibt! Durch göttliche Gnade liegt in jeder noch so schwierigen Situation eine Chance verborgen. Es ist eine Chance, Altes loszulassen, sich und anderen zu vergeben und mit aller Hoffnung in Liebe den nächsten Schritt zu setzen und sei es ein Schritt in ein neues Leben, mit einem neuen gesunden Körper.

Bitten wir um göttliche Hilfe und Führung, rufen wir unseren Schutzengel und wenden wir uns dem Licht zu. Reiki hilft uns, der liebevollen und lichten Seite in uns und um uns zu vertrauen. Reiki hilft uns, unseren Weg zu erhellen und zu erleichtern. Wenn Menschen resignieren und glauben, das Schicksal sei besiegelt, erleben sie manchmal in letzter Sekunde ein Wunder, das sie aus der Gefahr hebt. Sei es in Krisen- oder Kriegszeiten, bei Umweltkatastrophen oder auch bei weniger gefahrvollen Begebenheiten im Alltag. Viele von uns haben es erlebt oder beobachtet. Vielleicht gab auch dir deine Oma die beruhigende Weisheit mit ins Leben:

Und wenn du glaubst, es geht nicht mehr,
kommt von irgendwo ein Lichtlein her.

Viele Menschen kommen auch erst nach einem Schicksalsschlag oder durch eine Krankheit zu Reiki. Oft erst dann, wenn ihnen ihre Situation überhaupt keinen Spielraum mehr lässt. Erst wenn sie in die Enge getrieben wurden, sind sie bereit, nachzudenken und ihre Fehler zu sehen.

Es geht daher darum, unser Ego zurückzustellen, denn unser Ego ist sehr kurzsichtig. Hilfreich ist es, das Licht, die göttliche Energie und Führung, Reiki, einzuladen, uns zu helfen und so unseren Freiraum bestmöglich zu nutzen. Wir können freiwillig lernen. Den Freiraum auszufüllen mit Liebe, Güte, Lebensfreude und mit all dem Schönen, was das Leben bietet, bedeutet, zum Wohle eines jeden Einzelnen und zum Wohle des großen Ganzen zu wirken. Es geht darum, dem göttlichen Licht immer zu vertrauen und den Egoismus zurückzustecken.

Die lichten himmlischen Kräfte achten uns in unserer Freiheit. Sie werden uns nur helfen, wenn wir es wollen! Sie zwingen uns nicht und sie nehmen uns auch keine Entscheidungen ab. Sie helfen gerne, so wir das wollen und uns helfen lassen. Wir können sie jederzeit anrufen und bitten, uns zu helfen.

Anrufung:
Im Namen und in der Gegenwart meines göttlichen ICH BIN
bitte ich jetzt um den heilenden Lichtstrahl von Reiki.
Mache mich zu einem Diener, einer Dienerin des Lichtes,
lass mich durch meine liebenden Hände
die Reinheit deines Ursprungslichtes in die Welt tragen.

Dein zweites Geburtsrecht, die Freiheit des Denkens, Fühlens und Handelns, wird nämlich nur von dir selbst bestimmt und von dem zwischenmenschlichen Spiel, in das du verwickelt bist. Geht es darum, als Menschheit erwachsen zu werden, frei und verantwortungsbewusst zu handeln, so kommt es auf jeden Einzelnen an! Gerade du kannst ein göttlicher, liebevoller, gütiger, aber klarer und selbstbestimmter, heiliger Mensch sein.

Beginne bei dir selbst. Schaue nicht immer, was die anderen tun. Wesentlich ist , was du selbst tust!

ICH BIN

Ich bin zur Freiheit geboren, gerufen, mich zu erheben
und die Meisterschaft in meiner eigenen Welt,
im Denken, Sprechen, Fühlen und Handeln anzutreten.

Die lichten Kräfte respektieren das Geburtsrecht der Freiheit
im Denken, Fühlen und Handeln
eines jeden Menschen!

Auch ich respektiere das göttliche Geburtsrecht
eines jeden Menschen!

Ich bin Licht im Licht!

Stopp, wo bin ich?

Das Leid dieser Welt rührt wohl daher, dass wir unsere Freiräume übertreten und die feinen Grenzen zwischen Ich und Du missachtet haben. Ich kann für einen anderen Menschen nicht essen, kann nicht für ihn schlafen, für ihn lernen, für ihn glücklich sein, für ihn Schmerzen leiden, für ihn leben! Woher will ich also das Recht nehmen, ihm Entscheidungen abzunehmen, ihm sagen zu wollen, was er zu tun oder zu lassen hat? Doch wie oft tun wir das! Wir denken für den anderen statt für uns! Oft mischen wir uns in das Leben des anderen ein, missachten sein Geburtsrecht der Selbstbestimmtheit, seinen Freiraum und lassen die Einmischungen vice versa auch bei uns zu. Wir sind das so gewohnt, dass die wenigsten von uns dies überhaupt bemerken!

Durch meinen Reiki-Weg wurde ich viel achtsamer. Ich bemerkte, wie sehr ich dazu neigte, meine Intimzone schutzlos preiszugeben und auch, wie leicht man unabsichtlich durch Unachtsamkeit die Intimszone eines anderen verletzen kann. Jedesmal, wenn ich es bemerkte, bedankte ich mich für diese Erkenntnis. Nur wenn es uns bewusst wird, können wir lernen. Ich übte mich darin, meine Freiräume zu verteidigen und ich lernte es Menschen bestimmt und klar zurückzuweisen, wenn sie meine Freiräume verletzen.

Ich begann darauf zu achten, wer in meiner Welt tatsächlich wirkte und werkte. War das wirklich ich? Ich begann mich zu hinterfragen: „Will ich das wirklich? Ist das wirklich meine Meinung, meine innerste Einstellung?“ Oft erkannte ich, dass ich beeinflusst worden war. Und ich begriff, dass immer zwei dazugehören. Einer, der beeinflusst und manipuliert und einer der sich beeinflussen und manipulieren lässt! So liegt es immer an uns selbst die Dinge zu ändern.

Die Übung „*stopp, wo bin ich*“ hat mir dabei sehr geholfen, festzustellen, ob ich selbst in meinem Leben der Meister bin oder ein anderer über mich zu bestimmen versucht!

Übung:

Ich sage im Laufe eines Tages immer wieder innerlich zu mir: „Stopp, Karin, wo bist du?“ Ich kontrolliere mich körperlich, gefühlsmäßig und geistig. Ich mache mir bewusst, ob ich selbst denke oder ob es andere für mich tun, deren Meinung ich gerade unbewusst übernommen habe! Ich prüfe, ob ich selbst am Lenkrad meines Lebens sitze oder ob ich mich von anderen chauffieren lasse. Bin ich der Handelnde , oder der Handlanger?

Wenn du diese Übung machst, wird deine Bewusstheit und deine eigenverantwortliche Schöpferkraft zunehmen. Ruf dich mit deinem eigenen Namen, er ist dein stärkstes Mantra in dieser Inkarnation! Du kannst dir auch einen „Piepser“ einstellen, der dich jede Stunde mit einem Ton daran erinnert: „Stopp, Peter, wo bist du? Was denkst du gerade jetzt?“

Meister Usui lehrt uns in seinen fünf Lebenshilfen, uns selbst zu betrachten und zu hinterfragen, wer wir sind und was wir tun! Er lehrt uns, bei uns selbst zu beginnen, achtsam zu sein, und unser zweites Geburtsrecht, die Gedankenwelt, die Gefühlswelt und unsere Handlungen bewusst zu steuern. Er ermutigt uns zu mehr Freiraum und echter, kreativer Schöpferkraft. Wir sind durch Reiki nicht aufgerufen, andere zu beurteilen oder zu bewerten, wie *andere* mit ihren Ängsten und Sorgen umgehen oder wie sie ihre Eltern ehren! Wir sind durch Reiki einzig und allein angehalten, in unserer eigenen Welt Ordnung zu machen, Vorbild zu sein für die Welt der anderen und durch authentische eigene Erfahrungen Wissen weiterzugeben. Gewöhne dir ab, das nachzuplappern, was man halt so sagt. Beginne bei dir selbst! Selbsterkenntnis ist das Wunder, das dir hilft, dein Schicksal in den Griff zu bekommen.

Stopp, wo bist du?
Stopp, was denkst du?

Stopp, wer ist das, der so denkt,
so fühlt,
so handelt?

Meine Reiki-Meisterin und Freundin Elke lehrte mich darauf zu achten, wer welches Thema in eine Diskussion einbringt. Derjenige, der das Thema anspricht, dessen Thema ist es nämlich. Das heißt, wenn einer darüber schimpft, wie rücksichtslos andere Auto fahren, dann ist Rücksichtslosigkeit genau sein eigenes Thema! Er selbst sollte bei sich schauen, ob er rücksichtsvoll ist. Beobachte als nächstes, wer gleich mitschimpft und somit auch in Resonanz mit diesem Thema steht. Auch dessen Problem ist es. Für dich selbst genügt ein kurzer Gedanke der Kontrolle: „Bin ich rücksichtslos?" Ist deine Antwort nein, wozu solltest du in dieses Thema Energie einbringen? Überlege, ob es nicht besser ist, einfach aufzustehen und die Zeit mit etwas Nützlicherem zu verbringen als mit negativen Diskussionen über andere!

Achtsamkeit

Nicht wie du, er, sie, wie „man“
denkt, redet und handelt, ist wichtig,
sondern
wichtig ist, wie
ICH selbst
denke, rede und handle!
Wichtig ist, wie
DU selbst
denkst, redest und handelst!

Verdiene dein Brot ehrlich!

Direkt und ganz persönlich spricht uns unser Meister Usui in seiner vierten Lebenshilfe an: „*Verdiene dein Brot ehrlich!*“

Was bedeutet das? Was heißt *verdienen?* Das Wort dienen, was sagt es uns? Viele von uns empfinden beim Wort dienen einen unguten Beigeschmack. Das kommt wohl daher, dass wir im Laufe der Geschichte einander in Sklaverei, Frondienst, Leibeigenschaft, Knechtschaft und heutzutage im Konkurrenzkampf unterdrückt und ausgebeutet haben. Doch dieser Art kann dienen und verdienen nicht gemeint sein.

Nehmen wir als Beispiel unsere Mutter Erde. Sie dient uns mit allem, was sie hat, tagein tagaus, gerne und überaus geduldig. Sie ist für uns da mit allen Früchten, mit all ihrem Segen. Sie ist eine Dienende.

Göttliches Dienen bedeutet immer dem Licht, der Liebe dienen und macht uns Schritt für Schritt zu Wissenden.

Beginne wieder bei dir selbst! Dem Licht, dem Leben in dir zu dienen, bedeutet, Würde zu wahren. Du solltest dich vor dem, was dem Leben schaden kann, nicht beugen. Dienen hat daher nichts, aber schon gar nichts mit Unterwerfung und Ausbeutung zu tun.

Verdienen bedeutet, würdig zu sein, die Früchte, das Brot zu empfangen. Denke ein paar Minuten nach über deine Würde. Denke nach, wie du dein Brot im Alltag, im Beruf verdienst. Was tust du für deine Würde, wie ehrlich wahrst du sie, wie wichtig ist dir

Ehrlichkeit? Ja, und was ist dein Brot? Nahrung, Lohn, Gehalt, Geld? Die Kleidung, das Dach über dem Kopf, die Wärme, die du brauchst? Was ist mit dem Brot, das die Seele braucht? Lob, Anerkennung, Liebe, das Schöne, das Freudvolle, die feinen Dinge des Lebens, wie verdienst du dir all dies? Wie ehrlich verdienst du all dies?

Was bedeutet ehrlich? Ehrlich vor wem? Ehrlich vor den Gepflogenheiten in unserer Gesellschaft, ehrlich in der banalen Durchschnittlichkeit unseres oft kleinkarierten Bürgertums? Oder ehrlich vor dir selbst? Ehrlich gegenüber deiner tiefsten inneren Wahrheit, deinem Gewissen, ehrlich vor Gott?

Mir erging es so, dass ich anfangs großzügig hinwegsah über die tiefe Möglichkeit, die diese Hilfe unseres Meisters mir bietet: „*Verdiene dein Brot ehrlich!*"

„Na, das ist doch klar", sagte mein Ego zu mir, „ich stehle nicht und ich betrüge niemanden." Wir alle neigen wohl dazu, es uns so einfach und leicht wie möglich zu machen, wenn es um Gewissensfragen geht. Dabei betrügen wir uns in unserer Scheinheiligkeit nur allzuoft selbst! Wenn du den Mut hast, in die Tiefe zu gehen, wirklich ehrlich mit dir selbst zu sein, so wird die Gnade dich reich beschenken. Wann immer ich den Mut hatte, mir einen Fehler oder ein Versäumnis ehrlich einzugestehen, hat mich dies größer, stärker und heller gemacht.

Brot wirklich ehrlich zu verdienen, verlangt Bewusstheit und Achtsamkeit. Denn, wie ehrlich verdienen wir unser Brot, wenn wir Rohprodukte den Indianern, den Afrikanern, den Armen der Dritten Welt einfach wegnehmen? Wie ehrlich verdienen wir, wenn wir den Tieren Lebensraum und Lebensrecht absprechen, um ihr Fleisch billig kaufen zu können? Wie ehrlich verdienen wir Liebe und Anerkennung unserer Enkel und Urenkel, wenn wir die Schönheit der Regenwälder und Alpentäler zerstören? Wenn wir billige durch Kinderarbeit in fremden Ländern produzierte Ware kaufen, wie ehrlich ist das? Wenn wir auch hier bei uns im Handel Menschen, meist Frauen, unter Druck setzen und den mühsam erkämpften Arbeitsschutz für den Abend, für den Sonntag, den Feiertag wieder verspielen? Es sind die Frauen, die immer noch weniger verdienen und größtenteils die Doppelbelastung von Kindern und Haushalt tragen. Manche halten den Konkurrenzdruck nicht mehr aus, ihre Familie zerbricht. Und auch Männer, die sich im Konkurrenzkrieg der Banken, der Transportunternehmen, im Management, im Versicherungspoker einen Panzer der geschäftlichen Härte umgeschnallt haben, drohen, daran zu zerbrechen. Herzinfarkt! Es gibt zu viele Menschen, die stumpf werden, mit gebrochenem Herzen dastehen, innerlich vereinsamt. Viele Menschen verlieren, was sie so dringend brauchen würden: ein Familienleben mit Wärme, mit Liebe, Verständnis und Geborgenheit und mit sinnlichen Freuden in einer finanziell gesicherten Existenz.

Wie soll ein so sehr unter Druck stehender Mensch sich ideell und spirituell entfalten?

Es wäre so wichtig, dass das Gefühlvolle, das Feine, das Liebevolle, das Rücksichtsvolle uns in unserer Gesellschaft wieder etwas wert wird! Wir sollten bereit sein, den gefühlvollen und den liebevollen Bedingungen einen neuen Wert zu geben. Wir brauchen eine neue Wertigkeit des Denkens, eine neue Ethik. Wir brauchen ein Umdenken! Doch dieses kann nur in uns selbst beginnen .

Wenn wir nicht umdenken, verlieren wir alle gleichermaßen, Mann und Frau, rund um den Erdball, in einer immer enger werdenden wirtschaftlichen Minusspirale!

Billiger, billiger, billiger bringt die Menschlichkeit um. Geld ist ein zwischenmenschliches Spiel. Die Kühe fressen keine Münzen und Mutter Erde, die uns Gold und Rohstoffe schenkt und auch die Sonne, durch deren Kraft die Früchte wachsen, kann mit einem Scheck nichts anfangen. Geld bestimmt den Wert, den wir Menschen einander zumessen!

„Verdiene dein Brot ehrlich!“ ist ein ernst zu nehmender Aufruf. Mutter Erde, die Natur, das Pflanzen- und Tierreich dürfen wir genauso wenig schamlos ausbeuten wie andere Menschen oder Rassen. Die Schuld beim anderen, in der Politik, im Außen zu suchen, hilft uns nicht weiter. Jeder kann etwas tun! Gerade du kannst etwas tun! Jeder - auch du - kann seinen Beitrag leisten, egal wie klein er auch ist. Jeder Beitrag ist ein Same, der wächst. Wie wäre es, wenn du bei so mancher Sache einfach nicht mehr mitmachen würdest? Wie wäre es, wenn du ganz offen deine Meinung sagst und auch Zivilcourage in der Gesellschaft beweist? Eine gesunde Kritik gegenüber den politischen und geschäftlichen Gepflogenheiten dieser Welt ist NOT-wendig, um die Not zu wenden! Sei achtsam, lasse dich nicht von den Medien manipulieren, ergründe was hinter den Plänen deiner Regierung oder Banksysteme wirklich steht! Bilde dir deine eigene Meinung und vertritt sie mutig!

Im persönlichen Umfeld kannst du sehr viel tun. Wenn du das, was du kaufst, auch gerne und pünktlich bezahlst, hast du bereits zur zwischenmenschlichen Fairness beigetragen und kommst selbst in den Genuss einer schnellen Geldzirkulation. Denn so wie wir Geld ausgeben, so müssen wir es uns verdienen. Wer ungern und nur unter Druck bezahlt, dem wird auch ungern gegeben und er muss sein Geld nachdrücklich einfordern. Keine Gedankenenergie an Ausreden oder Schuldzuweisungen zu verschwenden, nährt bereits deine Ehrlichkeit. Versuche, das zu verwirklichen, was in deinem Bereich möglich ist! Vieles ist möglich! Denn es sind die vielen kleinen Samen, die sich am schnellsten vermehren.

„Verdiene dein Brot ehrlich!“ ist ein Aufruf, nachzudenken, auch darüber, wie du Anerkennung, Erfolg und Führungsposition verdienst. Wie ehrlich? Welchen Preis zahlst du dafür? Verkaufst du deine Seele für den Erfolg? Opferst du dein Gewissen für die Karriere? Und wofür verkaufst du dein Seelenheil? Oft doch nur für so einen winzigen geradezu lächerlichen Vorteil!

„Ja, aber jene, die wirklich nachdenken sollten, die erreichst du nicht“, argumentieren manchmal meine Schüler in den Seminaren. Meine Antwort lautet: „Ja, vielleicht erreiche ich jene nicht. Aber ich erreiche dich, denn du hörst oder liest nun diese Worte.“ „Du sei ehrlich“, das sagt Usui zu dir persönlich. Und zu deinem Trost: Gott erreicht alle Menschen mit seinem gerechten kosmischen Gesetz.

Heute erkenne ich welch klare Herausforderung die vierte Lebenshilfe von Usui ist. Wir wissen, dass wir noch Lernende sind. Oder besser gesagt, dass wir *schon* Lernende sind und das macht mich dankbar!

Mutter und Vater Unser,

gib uns unser tägliches Brot heute.

Danke. Amen.

Segen

Dankbar bin ich für die Früchte dieser Erde,
dankbar bin ich für das Brot, das ich esse,
dankbar bin ich für die Kraft, die mich nährt,
dankbar bin ich für den Blick, der mich ermutigt,
dankbar bin ich für die Zärtlichkeit, die mich stärkt.
Dankbar bin ich für alles, was ich mit dir teilen kann.
Ich verdiene mein Brot ehrlich bemüht.

Sei dankbar für alles, was lebt

„Sei dankbar für alles, was lebt" lautet eine Übersetzung der fünften Lebenshilfe von Usui Sensei. „Sei dankbar für die vielen Segnungen" lautet eine andere Übersetzung.

Vielleicht kannst du dir ein wenig Zeit nehmen, es dir bequem machen, dich entspannen, dir die Hände auflegen und dich fragen: Was ist Leben? Wo beginnt es, wo endet es? Wie dankbar bist du für das Leben?

Da sind die Menschen, die Tiere, die Pflanzen - Leben ist rundherum. Da sind die Menschen, die du liebst, deine Familie, deine Freunde. Zeigst du ihnen deine Dankbarkeit? Wie zeigst du deine Dankbarkeit? Da sind Menschen auf der Straße, in den Geschäften, in den Behörden, Menschen aus verschiedensten Gesellschaftsschichten. Alte Menschen, junge Menschen, schöne Menschen und Menschen, die dir nicht so gut gefallen; Menschen, die dir sympathisch sind, Menschen, die dir unsympathisch sind. Menschen, von denen du denkst, sie seien gut, Menschen, von denen du vielleicht denkst, sie seien schlecht. Menschen, von denen du denkst, sie seien nicht vertrauenswürdig, dumm, unberechenbar, profitgierig, geizig, hartherzig - also nicht okay. Was auch immer du über andere denkst, wie geht es dir mit solchen Gedanken? Lassen sie sich mit Dankbarkeit vereinen?

Da sind Menschen, die du nicht verstehen kannst, deren Ansichten dir fremd sind, die über anderes Wissen verfügen als du, oder eine andere Sprache sprechen, eine andere Hautfarbe haben, aus einer anderen Kultur kommen, andere Wege gehen wie du. Wie geht es dir da mit der Dankbarkeit?

Vielleicht quälen dich Gedanken des Zweifels. Was bedeutet es für das Leben des Mitmenschen dankbar zu sein? Was wird der Fremde tun, wenn ich ihm die Hand gebe? Werde ich ihn womöglich nicht mehr los? Wird er mich vereinnahmen, sich mir aufdrängen, mir gar schaden?

Oder kann ich, kannst du es wagen, einfach dankbar zu sein, da der gleiche Gott, die gleiche Lebensquelle, die mich, die dich, hervorgebracht hat, ja auch ihn, den anderen Menschen, hervorgebracht hat?! Bedeutet Dankbarkeit, Vertrauen haben? Kann ich vertrauen? Kannst du es?

Jesus sagte uns: „Liebe Gott über alles und deinen Nächsten wie dich selbst."

Doch wer hat das nicht probiert? Sind wir daran nicht alle bereits einmal gescheitert? Wir haben es wohl alle versucht! Doch die meisten von uns haben Gott in einem fernen Himmel gesucht, weit weg! Und die meisten von uns haben *"wie dich selbst"* gänzlich überhört und vielleicht sogar die Liebe verloren und manchmal sogar den Bezug zum eigenen Körper, zu den eigenen Gefühlen, zur eigenen Sexualität, der eigenen inneren Lebensquelle. Dadurch verloren sie auch den Bezug zu den eigenen Schatten. Viele sind weit gewandert auf ihrer Suche, haben viel studiert und sogar auf vieles verzichtet. Manche haben Barmherzigkeit als Opferdienst verstanden und dabei sich selbst vernachlässigt, haben sich gar gegeißelt, gequält, das eigene Leben missachtet.

Daher meine Frage an dich:

Wie dankbar bist du für dein eigenes Leben,
wie dankbar bist du, dass es dich gibt?
Gerade so, wie du bist?

Usui Sensei sagt uns, was alle großen Meister uns sagen: Bei uns selbst sollten wir beginnen! Denk nach, was könntest du für dich selbst tun, um Dankbarkeit für dein Leben zu entwickeln? Was könntest du tun für deinen Körper? Wahrscheinlich fällt es dir leicht, Dankbarkeit für dein Leben zu empfinden, solange es dir gut geht, du im Hoch bist. Doch wie ist es, wenn du gerade im Tief bist, es dir nicht so gut geht? Kannst du da auch dankbar sein für dein Leben? Nein? Wie willst du dann jemals dankbar sein für das Leben eines Mitmenschen, der im Tief ist? Es ist nicht immer leicht, die eigenen Schatten anzuschauen und anzunehmen. Es ist auch nicht leicht mit den Schatten der anderen umzugehen. Doch alles dient uns, Licht und Schatten. Oft sind gerade schwierige Menschen, unsympathische Menschen, jene, die ein Spiegel für uns sind und uns durch Konfrontation weiterbringen. Unsere Widersacher sind unsere stärksten Lehrmeister!

Ich erzähle dir eine sehr alte Geschichte, die einer meiner großen alten Meister mir erzählt hat:

Der Mensch und sein Schatten.

Es war einmal ein Mensch, den verstimmte der Anblick seines eigenen Schattens so sehr, er war so unglücklich über sein Leben, konnte nicht dankbar sein und jeder Schritt verdross ihn so sehr, dass er beschloss, alle Schritte hinter sich zu lassen.

Er sagte zu sich: „Ich laufe ihnen einfach davon."

So stand er auf und lief davon. Aber jedesmal, wenn er einen Fuß aufsetzte, hatte er wieder einen Schritt getan und sein Schatten folgte ihm mühelos. Er meinte, schneller laufen zu müssen, so lief er schneller und schneller, bis er tot zu Boden sank.

„Ja", sagte mein Meister, „wäre er doch einfach in den Schatten eines Baumes getreten, so wäre er seinen eigenen Schatten losgeworden, hätte er sich hingesetzt, so hätte es keine Schritte mehr gegeben, er hätte rasten und dankbar sein können."

Aber darauf kam der Mensch nicht! Die meisten Menschen rennen durch ihr Leben. „Dankbar sein?", sagen sie, „ja natürlich, aber jetzt nicht, später! Vorher muss ich noch schnell ...!"

Sie rennen dem eigenen Schatten und dem Schatten der anderen davon. „Wenn ich das noch erreiche, dann bin ich dankbar. Ich wäre ja dankbar, wenn nicht ...! Freilich bin ich dankbar, nur ...!"

Wenn - dann - aber - nur - später- vielleicht
nur noch - etwas noch - das eine noch - das nächste Mal!
Jedoch vielleicht gibt es kein nächstes Mal mehr!?!

*Dankbarkeit erfordert, **JETZT** dazusein und wahrzunehmen.*

Das Leben überhaupt wahrzunehmen, das Jetzt bewusst wahrzunehmen ist schon Grund genug, tief dankbar zu sein!

Der Schlüssel liegt immer in uns und in der Gegenwart. Nicht außerhalb von uns können wir ihn finden, nicht in der Vergangenheit haben wir ihn verspielt oder verloren, nicht in der Zukunft wird er sich zeigen, sondern jetzt ist der Schlüssel zum Glück und zur Dankbarkeit da! Wenn wir uns hinsetzen und im Schatten der anderen auch unser eigener Schatten zur Ruhe kommt, können wir erkennen, dass wir nicht besser und nicht schlechter sind als die meisten anderen Menschen auch. Wir sind nicht gescheiter und nicht dümmer als die meisten Menschen auch, wir brauchen uns nicht immer zu vergleichen. Wer die Dankbarkeit in sich, ohne wenn und aber, ohne Anspruch und Bedingung empfinden kann, der wird plötzlich das Leben auch rundum mit mehr Dankbarkeit wahrnehmen können. Menschen, Tiere, Pflanzen, geborenes und ungeborenes Leben, Leben nach dem Tod, Leben auf der Erde, Leben in der Luft, Leben im Wasser oder in anderen Dimensionen, für alles Leben sollten wir dankbar sein.

Sich zurückhalten an der Erde.
Keinen Schatten werfen auf andere.
Im Schatten der anderen leuchten.

Reiner Kunze; Auf eigene Hoffnung.

Leben, das sich ausdrückt in lebendigen, dankbaren Beziehungen, in Verbindungen mit der Natur, der Mutter Erde, mit dem ganzen Kosmos. Leben, das geheimnisvoll schwingt und uns Segnungen schenkt in reicher Zahl. Sei dankbar mit deinem Herzen für alles, was lebt.

Wunder

Dankbarkeit ist wie ein Magnet.
Dankbarkeit sammelt alle Segnungen und Früchte
von weit und breit,
trägt mir alles zu, was ich brauche,
damit ich mich daran erfreuen kann.
Dankbarkeit nährt mein liebevolles Herz
und in Dankbarkeit strahlt mein Licht
weit und breit.

Sei dankbar für alles, was lebt,
sei dankbar für alle Segnungen,
sei dankbar für den göttlichen Wesenskern
in jedem Menschen und allen Erscheinungen.

Dankbarkeit ist der Schlüssel zum Wunder Leben.

Reiki bedeutet lächelnde Hände

Sobald wir beginnen, wirklich zu begreifen, sobald wir beginnen, die Wirklichkeit zu begreifen, bekommen wir unser Leben in den Griff. Reiki hilft uns dabei ganz wesentlich. Viele Menschen in der heutigen Zeit leben in ihren Gedanken und Vorstellungen. Werbung und eine Informationsflut von verbalen oder gedruckten Botschaften, der Lärm und der andauernde Geräuschpegel in den Städten oder am Arbeitsplatz drohen die Sensibilität unserer Sinne zu beeinträchtigen.

Die meisten Menschen können das Absolute, die naturgegebene Wirklichkeit, von der von Menschen geschaffenen Wirklichkeit, mit all den Bewertungen, den Vorstellungen und Glaubenssätzen nicht mehr unterscheiden. Eine schlechte Geschäftsbeziehung wird realer erlebt als der Baum vor dem Fenster. Der Gedanke an die schlechte Geschäftsbeziehung nimmt vom Geist so sehr Besitz, dass der lebendige Baum im besetzten Geist so sehr verblasst, dass er nur noch wie ein Foto, ein Bild aus der Werbung wahrgenommen wird und nicht mehr als Lebewesen. Genauso geht es uns mit der Kuh, dem Schwein, dem Weizen, dem Wasser und den Sonnenstrahlen. Wir empfinden oft die Natur nicht mehr so intensiv und vielfältig, wie sie tatsächlich ist.

Durch Reiki lernen wir, die Wirklichkeit wieder zu berühren. Beobachte, wie der Baum lebt! Fühle, wie die Tiere leben, wie du selbst lebst. Geh hin zu einem Baum und berühre den Baum. Mach dabei deine Augen zu, fühle die Erde, den Boden unter deinen Füßen und halte den Baum mit deinen Händen. Du kannst dich an den Baum anlehnen. Er steht da, schweigt und tauscht lebendige Energie mit dir aus. Vielleicht bringt er deine Hände zum Lächeln und lehrt dich Bedeutendes.

Geh hin zu einem Tier und halte es, fühle die Wärme seines Körpers, erkenne die Weisheit in ihm. Geh hin zu einem Menschen und leg ihm die Hand auf die Schulter und höre ihm einfach einmal zu, ohne selbst etwas zu sagen, schau ihm in die Augen. Wahrscheinlich hilfst du diesem Menschen und dir selbst damit mehr als mit tausend Erklärungen.

Was immer wir mit unseren Händen angreifen, betasten, streicheln oder auch im festen Griff bei harter Arbeit bewegen, es verlangt unsere Achtsamkeit. Es tut gut, wenn unser Bewusstsein vom Kopf heruntersinkt und in die Hände wandert! Spür doch, wie Reiki fließt! Wenn ich mich in Reiki einstimme und die Hände zusammenlege, dann ist bereits dies ein Gebet. Meine Achtsamkeit bewirkt das Lächeln in den Händen. Und achtsame Hände, lächelnde Hände, werden nicht zurückgewiesen, das habe ich noch nie erlebt. Ja und lächelnde Hände morden wohl auch nicht.

Es ist unangenehm und kann weh tun, unachtsam und lieblos angegriffen zu werden von Händen, in denen die Seele des Menschen nicht anwesend ist. In Reiki zu sein, im Licht zu sein, in der Liebe zu sein, bedeutet daher, auch seelisch da zu sein. Hellwach und aufmerksam mit allen Sinnen. Die Haut ist unser größtes Sinnesorgan. Über die Haut nehmen wir die feinsten Schwingungen wahr. Die ganzheitliche Botschaft, die wir über den Tastsinn aufnehmen können, ist sehr fein und subtil. Berührung durch unsere Hände kann uns Erfahrungen bringen, für die es noch keine Worte gibt.

Das ist es auch, was unsere Hände für Kranke so wertvoll macht. Unsere Hände sind in enger Verbindung mit dem Herzen. Über unser Herz kommt die Verbindung mit kosmischer Energie zustande und über Herz und Hände fließt an Lichtströmen, was benötigt wird! Wenn wir uns auf Reiki gut einstimmen und als klarer Reiki-Kanal frei sind, können wir intuitiven Zugang zu dem Menschen bekommen, den wir behandeln. Bilder können auftauchen. Ganz intuitiv wissen und spüren wir oft Probleme und die Ursache einer Krankheit. Wenn wir nicht medizinisch geschult sind, sollten wir aber keine Diagnose abgeben.

Reiki ist und wirkt absolut eigenintelligent.

Ich möchte dir Mut machen, mit deinen Händen anderen Menschen weiterzuhelfen. Lass Licht und Liebe, lass Reiki aus deinen Händen strahlen. Versuche, das zärtliche Lächeln deiner Hände zu aktivieren. Es lohnt sich!

Reiki bedeutet Lächeln des Herzens

Wir haben zwei Hände, zwei Beine, zwei Gehirnhälften, zwei Augen, zwei Nieren, die rechte und die linke Körperseite, aber wir haben nur ein Herz. Und dieses Herz ist der Motor unseres Körpers. Wenn es stillsteht, steht der Kreislauf still, steht der Atem still, steht der Blick der Augen still, steht das Leben still. Unser Herz ist der Motor in unserem Leben. Aber der eigentliche Motor ist nicht der Herzmuskel, sondern es ist unser spirituelles Herzzentrum. Dieses spirituelle Herzzentrum verbindet uns gleichermaßen mit der Mutter Erde wie mit der himmlischen Energie; es ist unsere eigentliche Mitte, unser Zentrum. Es ist unser Vermittler inmitten aller gegensätzlicher dualer Erfahrung der Polarität. In ihm wohnt die Kraft, das Christuslicht, das die Verbindung mit der Einheit, mit Gott, mit unserer unsterblichen Seele aufrecht erhält. Die ewige „dreifältige göttliche Flamme" lebt im Herzzentrum.

Solange wir im Spannungsfeld der Polarität einander kritisch gegenüberstehen, verengt sich unser Herz, wenig Energie kann fließen. Lächelt jedoch unser Herz in Güte, so strahlt dieses Lächeln gleichermaßen nach rechts und links, nach oben und unten, nach innen und außen, strahlt ins Licht und in den Schatten. Unser Herz öffnet sich, wird weit und mitfühlend. Vom Herzzentrum aus fließt Reiki in die Hände und natürlich auch durch den ganzen Körper. Je mehr wir diese Herzenergie pflegen, umso mehr strahlt sie aus. Wir lächeln dann mit den Händen, dem Herzen, den Augen, dem Mund

und unserer ganzen Aura. Unser Lächeln strahlt weit und breit! Durch das Lächeln des Herzens kommt die göttliche Gnade zu uns.

Man kann dieses Lächeln lernen! Unser Körper ist ein göttliches Wunder und lehrt uns alles! Wie in unserem Körper das Herz zuerst den „kleinen Blutkreislauf" versorgt, damit wir atmen können und Sauerstoff über die Lungen ins Blut kommt, können wir selbst den Kreislauf bewusst in Gang bringen und unterstützen, indem wir auch bewusst atmen. Ruhiges, entspanntes *Aus- und Einatmen* weitet unser spirituelles Herzzentrum und bringt es zum Lächeln. Ein lächelndes Herz eröffnet uns auch den Zugang zur Weisheit des Herzens und ermöglicht es uns, aus dessen Tiefe zu schöpfen.

Gott gab uns die Erfahrung des Leidens,
damit tiefes Mitgefühl erwächst.
Tiefes Mitgefühl erwärmt das Herz,
es öffnet sich und Liebe und Güte werden zur hilfreichen Hand.
Eine hilfreiche Hand erntet ein dankbares Lächeln,
ein dankbares Lächeln nährt ein friedvolles Herz.
Ein friedvolles Herz schafft einen friedvollen Menschen
und ein friedvoller Mensch schafft eine friedvolle Familie.
Eine friedvolle Familie schafft eine friedvolle Gemeinschaft
und führt zu einer friedvollen Nation.
Eine friedvolle Nation schafft eine friedvolle Welt,
in der alle Herzen lächeln.

Mein Herz lächelt für dich.

Erkenntnis

Hast du die Wahl getroffen,
das Geschenk von Reiki in deinen Händen zu tragen,
hast du die Wahl getroffen,
das Geschenk von Reiki in deinem Herzen zu tragen,
so kannst du dieses Geschenk
überall und jederzeit weitergeben,
wo immer du dich befindest.

Deine Körper-Sprache

Ich sage zu meinen Schülern: „Pass auf! Deine Zellen hören mit!" Und so ist es. Jede Zelle verfügt über Zellbewusstheit und ein Zelllicht. Jede Zelle unseres Körpers ist energetisch mit unserem Gehirn verbunden und fähig zur Kommunikation. Die Steuerung von körpereigenen Stoffwechselprozessen ist ein großes Geheimnis und viele Forscher bemühen sich, diese geheimnisvollen Vorgänge in unserem Organismus besser zu verstehen und zu erkennen. Das Wunderbare an Reiki ist, dass uns geholfen wird, die Sprache unseres Körpers besser zu verstehen. Wann immer wir eine Krankheit bemerken, so sollten wir die Botschaft ergründen, die unser Körper uns durch die Krankheit zu übermitteln versucht. Jede Krankheit teilt uns nämlich ein Ungleichgewicht in unserem System mit! Doch unser System ist nicht nur der Körper, sondern zu unserem menschlichen System gehören auch unsere Gefühle, unsere Glaubenssätze und Überzeugungen, unsere Illusionen, unsere Gedanken, Erinnerungen und Visionen, kurzum unsere gesamte Bewusstheit.

Reiki versucht, dieses Ungleichgewicht auszubalancieren und in Harmonie zu bringen. Doch viele Menschen wehren sich gegen diese Heilungsimpulse. Und ob man es glaubt oder nicht, viele Menschen halten gerade zu krampfhaft am Ungleichgewicht und damit an der Krankheit fest!

Hier ein Beispiel aus meiner Praxis:

Ich wurde gebeten, eine alte Frau zu behandeln, die seit vielen Jahren einen offenen Fuß hat. Als sie zu mir kam war das Erste, was sie mir sagte: „Ich habe schon alles probiert, mir kann niemand helfen!“

Sie trug dieses fixe Programm in sich, dass ihr niemand helfen könne. Ich habe versucht, ihr zu erklären, dass es wichtig sei, diese Vorstellung, dass ihr nichts und niemand helfen könne, zu verabschieden, denn wenn sie daran weiterhin festhält, würde eine Heilung schwer möglich sein. Sie verstand ansatzweise, was ich meinte und ich behandelte sie einige Wochen lang mit Reiki. Ihre Schlafstörungen wurden besser, sie hatte mehr Energie und sogar der Fuß eiterte nicht mehr so schlimm und eine zarte neue Haut begann sich zu bilden. Dann, eines Tages, kam sie nicht mehr zur Reiki-Behandlung. Sie hatte einen Streit mit ihrer Schwiegertochter. Ihre Schwiegertochter musste seit Jahren täglich um zwei Uhr Nachmittag ihren kranken Fuß behandeln. Nun aber wollte die Schwiegertochter, da die Kinder groß wurden, wieder halbtags arbeiten gehen und konnte nicht mehr um zwei Uhr Nachmittag den Fuß versorgen. Das machte die alte Frau so wütend, denn sie war es gewohnt, mit ihrer Krankheit im Mittelpunkt der Familie zu stehen und Zuneigung zu bekommen, da sie *so arm war.* Sie ließ sich in das alte Muster fallen und sofort ging es ihr wieder sehr schlecht und sie übte damit Druck auf die Schwiegertochter aus, die ein schlechtes Gewissen bekam und ihren Halbtagesjob absagte.

Nun, es gehören zwei dazu, einer, der Macht ausübt und einer, der sich in die Rolle des *Mitleid-haben-müssen* pressen lässt.

Verstehst du, dass Krankheit auch Macht bedeuten kann? Die

Familie, die Gesellschaft hat sich gefälligst um die Kranken zu kümmern! Doch im spirituellen und kosmischen Gefüge verletzen wir uns selbst umso tiefer, je mehr Machtspiele dieser Art wir spielen und je mehr Eigenverantwortung wir abgeben. Heil und gesund zu werden bedeutet, ganz und vollkommen zu werden. Dazu gehört es, die eigene Verantwortung zu erkennen und auch anzunehmen. Krankheit ist kein *natürlicher* Zustand, sondern Krankheit ist ein unnatürlicher Zustand. Niemand hat aber das Recht, im Kosmos einen *unnatürlichen* Zustand aufrecht zu erhalten. Es gibt kein Recht auf Krankheit! Es gibt nur ein Recht auf Gesundheit. Wenn wir uns das genau überlegen, werden wir auch erkennen warum jetzt in unserer hoch schwingenden Zeit das Krankenkassensystem nicht mehr funktioniert. Ganz einfach, weil es kein Recht auf Krankheit gibt, sondern nur ein Recht auf Gesundheit. Das Recht auf Gesundheit braucht natürlich den Auffangmechanismus bei Krankheit aber natürlich mit dem Augenmerk auf eine Förderung der Eigenverantwortung und der Bewusstheit!

Wir müssen umdenken!

Dieses Umdenken erfordert Liebe und Geduld. Denn Krankheit kann andererseits jedem passieren, niemand, auch die großen Heiligen sind da nicht ausgenommen, kann sich vor dem Lernschritt einer Krankheit drücken, wenn es notwendig wird, einen Erkenntnisprozess oder schlicht einen Ausgleich einzuleiten.

Die Gründe für eine Krankheit sind oft sehr komplex und es sollte da keine vorschnelle Ursachenzuweisung vorgenommen werden. Wir müssen bedenken, dass Krankheit niemals eine Strafe ist!

Krankheit ist lediglich der Versuch des Körpers und der Seele, Heilung zu erwirken!

Wenn wir mit Reiki arbeiten, lernen wir zu erkennen, dass es nicht gut ist, eine Krankheit zu bekämpfen. Denn bekämpfen wir den Krebs in unserem Körper, das Geschwür, die Schwäche, oder was auch immer, so ist es doch immer ein Teil unseres Körpers, ein Teil unseres Systems und somit ein Teil von uns selbst, den wir bekämpfen. Der böse Bauch, der böse Fuß! Doch welch eine Botschaft senden wir da an unsere Körperzellen? Es ist eine Botschaft, die vernichten will! Kampf ist immer eine zerstörerische Botschaft. Heilung braucht nicht Kampf sondern Transformation. Heilung erwirkt Vollkommenheit und Vollkommenheit nimmt das Unvollkommene liebend an, um es mit aller Kraft zu ergänzen und alles zu verbinden, damit es geheilt und wieder ganz werden kann.

Reiki ist daher nicht nur Energie, sondern vor allem auch Liebe und Klarheit! Reine Liebe, die die Krankheit als Botschaft annimmt.

Sobald du verstehst, dass alles, was in dir ist, zu dir gehört und gut ist, da es dir die Chance auf Transformation gibt, bist du auf dem Weg der Heilung. Solange du glaubst, Krankheit sei ein Zustand, den du bekämpfen musst, zerstörst du Teile von dir selbst und spaltest dich selbst ab von deinem System. Wer sich aber von seinem eigenen System abgespalten hat, dem bleibt keine andere Wahl, als sich samt Haut und Knochen einer Maschinerie zu übergeben, in der seine Individualität und Selbstbestimmtheit von einem bevormundenden Krankenkassensystem überfahren wird.

Es ist nicht immer leicht, den Weg der Mitte und Eigenverantwortung zu gehen, aber es ist notwendig, um wirklich in Harmonie zu kommen. Wer sich in seinem Leiden ganz auf die Hilfe von Außen (egal ob Schulmedizin oder alternative Heiler) verlässt, kann nach kosmischem Gesetz keine vollkommene Heilung erfahren. Denn zur vollkommenen Heilung gehört das Erkennen der eigenen Möglichkeiten, Fähigkeiten und auch der Eigenverantwortung. Du bist ein Kind Gottes. Du bist göttlich in deinem Ursprung. Lasse dich nicht bevormunden und gib die Entscheidung über dein Wohlbefinden nicht an andere ab! Es verletzt deine Göttlichkeit, wenn du den Faden deines Lebens unbedacht aus der Hand gibst und dich selbst für arm, schwach und unfähig erklärst.

Du bist aber nicht arm, denn du bist ein Kind Gottes! Erinnere dich daran und es macht dich reich und handlungsfähig!

Du bist auch nicht schwach, denn du bist ein Kind Gottes! Erinnere dich daran und erkenne deine Stärke in dir!

Du bist auch nicht unfähig, denn du bist ein Kind Gottes! Nutze deine Fähigkeit, du selbst zu sein!

Vier Ursachen für Krankheit

Als ich den Weg des spirituellen Heilens beschritt und meine ersten Ausbildungen machte, wurde sehr viel Augenmerk auf die Ergründung der Ursachen gelegt, die zu einer Erkrankung führten. Doch diese Ursachenforschung führt auch immer tiefer und weiter in die Probleme eines Menschen und seiner Familie hinein. Ursache wurde zudem oft mit dem Makel der Schuld und des Schuldgefühles belegt, was überhaupt nicht hilfreich ist. Im Gegenteil, wir sollten jeden Gedanken an Schuld verabschieden, indem wir uns selbst und auch anderen verzeihen. Nur auf einer Basis der Vergebung kann Heilung wirklich erfolgen, denn Schuldzuweisung an uns selbst oder an andere Menschen erzwingt eine Reaktion und somit wird Gleiches mit Gleichem vergolten. Doch das ist nicht unbedingt notwendig, es sei denn, du hast es für dich so beschlossen.

Schattenarbeit und Arbeit an der positiven Vision und Stärke sollten immer in Harmonie sein, wobei der positiven Seite etwas mehr Aufmerksamkeit und Energie zufließen sollte als der Schattenseite. Wir müssen wissen, dass es für jede Krankheit vier mögliche Ursachen gibt:

- **Unfall**
- **Gift**
- **Angst**
- **Abnützung**

Zum Bereich Unfall gehören alle möglichen Unfallverletzungen aber natürlich auch emotionale Unfälle, also Schock, Trauma, Katastrophen, ja alles, was unser vertrautes Weltbild erschüttert oder zerstört und zum Umfallen gebracht hat. Eine körperliche Unfallverletzung wird meist sofort ersichtlich, Knochenbruch, Schnittwunden, Quetschungen, Verbrennungen usw. Schock, Trauma und Katastrophen zeigen ihre Auswirkung aber oft erst Jahre später und wir bringen daher die Krankheit nicht mehr in bewusste Verbindung mit dem Ereignis. Krebs beispielsweise ist meistens auf einen Schock oder ein unverarbeitetes Trauma zurückzuführen oder auf Vergiftung. Gelingt es, die Verankerung in unserem Gehirn zu lösen und das Trauma im Nachhinein psychisch und mental aufzuarbeiten, so kann das die Heilung sehr effektiv unterstützen. Ein Unfall, ein Schock, ein Trauma schwächt immer unser gesamtes System. Diese Schwächung muss unbedingt in Stärke umgewandelt werden. Auf der nur medikamentösen Basis ohne Bewusstwerdungsprozess im psychischen und mentalen Bereich ist eine nachhaltige Heilung kaum möglich.

Unfall - Beispiele und ihre Bedeutung:

Unfall, Schock, Trauma	Transformation in Stärke notwendig
Wunde körperlich	Zu sich selbst zurückkommen
Wunde seelisch	Den eigenen Wert erkennen
Emotionale Verletzung	Befreiung von Fremdenergien
Schockerlebnis	Neuorientierung zulassen
Erschütterung, Schreck	Neue Standpunkte gewinnen müssen
Trauma	Gesprengtes Weltbild, Kontrollverlust, Grenzüberwindung

In welchem Zusammenhang Unfall, Schock und Trauma uns ereilt haben, wird ausschlaggebend dafür sein, wie sich der Mangel in unserem Energiefeld manifestiert. Es braucht gerade bei der Auflösung von diesen Ursachen viel Feingefühl, da die Ebenen sehr komplex miteinander verwoben sein können. Sich intuitiv führen zu lassen, um versteckte Schockprägungen aufzuspüren und diese Blockaden in Stärken zu verwandeln, ist mit Reiki aber sehr gut möglich. Es ist vor allem auch deshalb oft kompliziert, da gerade Unfall, Schock und Trauma oft erst nach Jahren zu sekundären körperlichen Krankheiten führen, wenn es nicht gelungen ist, in der aktiven Konfliktphase für einen echten harmonisierenden Ausgleich zu sorgen. Die neutrale zweite Phase kann sehr lange dauern, bevor es dann doch zu einem aktiven Heilungsschub (Krankheitsausbruch) kommt, mittels dem die Seele sich vom unverdauten Schockerlebnis befreien will. Da es so lange dauert, wird oft der Zusammenhang der Krankheit mit einem vorangegangenen Unfall, Schock oder Trauma nicht mehr erkannt.

Vergiftung ist der zweite große Ursachenbereich für Krankheiten. Es kann sich dabei um Gifte in der Umwelt, der Nahrung ebenso handeln wie um vergiftete Gedanken und giftige Gefühle, die uns beherrschen. Bei einer Vergiftung ist immer auf Reinigung des gesamten Systems zu achten: Ernährungsumstellung, körperliches Ausleiten von Giften ebenso wie mentale und psychische Entgiftung. Das heißt, hier müssen wir uns unsere Gedanken, Gefühle und Lebenseinstellungen sehr genau vornehmen und ehrlich betrachten. Vergiftung zeigt immer eine Form von Negativität an, die uns entweder außen (Projektion) oder innen (Verdrängung) zu schaffen macht. In diesem Bereich gibt es neben Reiki viele wunderbare Ansatzmöglichkeiten, um uns zu entgiften: Heilfasten, Ausleitung von Schwermetallen und Schadstoffen, Meditation, Mentaltraining und emotionale Heilung durch Gesang, Tanz und Kreativitätstraining seien hier nur als Anregungen angedeutet. Bei der Ursache Gift ist es aber auch wichtig zu erkennen, dass nicht die Umwelt alleine schuld ist, sondern es eine Resonanz in uns geben muss. Sonst wäre das Gift nicht in unserem Energiesystem, beziehungsweise würde unser Energiesystem damit fertig werden. Nie sind die äußeren Umstände alleine schuld an unserem Dilemma, sondern diese sind lediglich ein Spiegel unserer inneren Bewusstheit.

Gift - Beispiele und ihre Bedeutung:

Gift, Vergiftung	Transformation in Stärke notwendig
Gift allgemein	Das rechte Maß finden
Vergiftung allgemein	Die Polarität wieder in Harmonie bringen – die Rechte jedes Einzelnen anerkennen
Gift in der Nahrung	Alles segnen bringt Urvertrauen zurück und entgiftet
Giftige Gedanken	Giftige Gedanken machen klein, schwach und aggressiv
Gift aus der Umgebung	Das eigene Reich reinigen, absichern, verteidigen, Grenzen setzen

Gift und Vergiftung zeigen uns immer ein Zuviel von einer gewissen Substanz oder einem gewissen Gedanken an. Es ist die Menge, die es ausmacht, ob ein Gift Medizin oder Zerstörung bedeutet. Viele Menschen sind damit befasst, emotional hasserfüllte Schuldzuweisungen über die Lande zu schreien. Doch genau das ist das stärkste Gift, das wir versprühen können. Entgiftung beginnt in unserem Denken und Kritik ist nicht gleichzusetzen mit Schuldzuweisung. Kritik ist notwendig, sie verhilft zu Klarheit und zu einem guten Unterscheidungsvermögen.Kritik kann zwar emotional geäußert werden, eine echte Empörung ist eben eine emotionale Kraft, dennoch sollte Kritik nicht destruktiv, sondern möglichst konstruktiv vorgebracht werden. Geistige Hygiene muss erlernt werden und bevor wir Schuldzuweisungen verteilen, ist es sinnvoller, sich um die eigenen Belange und Möglichkeiten zu kümmern. Wenn du ein zuviel an Schadstoffen in einem Produkt vermutest, dann kaufe es einfach nicht. Du bist für dich selbst verantwortlich. Mache dich nicht abhängig von einem Markt, der dich zu Gedankenlosigkeit verführt, sondern mache deine Augen weit auf und suche nach guten Alternativen. Es gibt sie. Auch in früheren Zeiten konnten wir Menschen nicht gedankenlos in die Natur rennen und einfach alles essen, was uns zwischen die Finger kam. Wir mussten lernen, wohltuende Kräuter und Früchte von jenen zu unterscheiden, die uns nicht wohl tun. Heute müssen wir dies wieder vor den Regalen des Supermarktes neu lernen. Die weit verbreitete Gedankenmanipulation in unserer Gesellschaft besteht darin, dass den Menschen eingeredet wird, sie würden diese Unmenge an Produkten, die sich in den Regalen türmen, tatsächlich brauchen. Wer sich aber je in Einfachheit reduziert hat, der weiß, wie beglückend es ist, mit wenig auszukommen. Wenig Gutes und Reines kostet meist gleich viel wie viel Schlechtes und Giftiges.

Aber sicherlich ist es notwendig auf politischer Ebene und in der Gesetzgebung ein Umdenken zu fordern! Wähle nur jene politische Partei, die tatsächlich freie Bürgerrechte vertritt. All jene die vorgeben für deine Sicherheit zu sorgen und alles für dich zu tun bevormunden und manipulieren dich. Jene die vorgeben für deine Sicherheit zu sorgen nehmen dir die Verantwortung und Selbstbestimmtheit aus der Hand und engen deinen freien Spielraum drastisch ein! Gib acht, welche Partei, welche Berater, welche Geschäftsverbindungen du wählst. Ich persönlich bin davon überzeugt, dass wir eine grundlegende Veränderung der Systeme brauchen. Ich übe daher Kritik in manchen Botschafetn am politischen System um Menschen zum umdenken und zur Eigenverantwortung anzuregen.

Als dritte Ursache kommt das weite Feld der Angst in Frage. Angst schwächt unser Energiesystem sehr stark, es kann uns die Angst sozusagen den Lebensatem abschnüren. Es gibt nur eine einzige kosmische Daseinsberechtigung für die Angst: Angst als Warnmechanismus! Als Warnsignal, um uns vor Schaden, Unfall oder sonstigen negativen Auswirkungen zu warnen, hat die Angst einen guten Sinn. Alle anderen Ängste, von Existenzangst bis zur Angst zu versagen, nicht geliebt zu werden und nicht anerkannt zu sein, bedürfen dringend der Transformation hin zur Stärke. Ängste können auch sehr unbewusst wirken und zu extremen körperlichen Reaktionen, wie Zittern, Nervosität, Panik, Ruhelosigkeit, Übelkeit, Schlafstörungen führen und die daraus resultierende Schwäche erzeugt im gesamten Energiesystem einen Mangel, der sich als Krankheit manifestieren kann. Schaue dir jede Angst, die in dir auftaucht, genau an und frag dich, in welche Art der Stärke und

Weite du sie verwandeln kannst!

Angst hat immer auch etwas mit „Enge“ zu tun. Wenn du Angst hast, frag dich, was dich so einengt und wo du in deinem Leben mehr Weite und eine weitere Aussicht und eine erweiterte Lebenseinstellung brauchen würdest, um mehr Liebe, Toleranz, Vertrauen und den Glauben an das Gute in dein Leben hereinzulassen. Angst hat oft auch mit Abtrennung aus dem großen Ganzen zu tun. Dann ist es die Angst das Leben, die anderen Lebewesen herein zu lassen in dein Leben. Sich für anderes Leben zu verschließen führt in die Enge. So kann die Auswirkung der Angst von Asthma, über Angina Pectoris (Herzanfall durch Verengung der Herzkranzgefäße) bis zu einem Unfall führen, bei dem man sich im wahrsten Sinne den Hals bricht, also Hals über Kopf ins Unglück stürzt. Aber ins Unglück stürzt man nur, wenn man vor der Angst auf der Flucht ist. Hätte man angehalten und der Angst ins Auge geblickt, ihre Botschaft erkannt, wäre man nicht gestürzt.

Angst - Beispiele und ihre Bedeutung:

Angst - Schwäche	Transformation in Stärke notwendig
Existenzangst	Existenzsicherung durch Dankbarkeit für alles, was wir haben
Verlustangst	Unabhängigkeit erlangen, aber offen bleiben für Liebe
Trennungsangst	Mut zur Verbindung in Freiheit; Treue zu sich selbst beweisen
Todesangst	Eigene Grenze akzeptieren
Angst vor dem Sterben	Nach innen schauen

Verlassenheitsangst	Beziehungsfähigkeit, auf andere zugehen lernen
Angst vor Strafe	Selbstwertgefühl pflegen
Angst vor Katastrophen	Vertrauen in die (eigene) Natur zulassen
Angst vor Verbrechen	Inneren Frieden wiederfinden
Angst vor Terror	Vergebung, Versöhnung
Angst vor Zukunft	Vertrauen im Hier und Jetzt
Angst vor Blamage	Individualität anerkennen
Angst vor dem Ungewissen	Vertrauen in göttliche Ordnung
Angst vor Feinden	(Verdrängten) Hass erlösen
Angst, zu versagen	Schwach sein dürfen ist Liebe
Angst, verspottet zu werden	An die eigenen Fähigkeiten glauben
Angst vor Kontrollverlust	Ich bin okay und du bist okay
Angst vor Schmerzen	Nichts und niemanden beherrschen wollen

Schließlich kommen wir zur vierten Krankheitsursache mit ihren Abnützungserscheinungen und dem Alterungsprozess, dem Sterben. In allen Religionen und spirituellen Lehren wird uns die ewige Jugend in Aussicht gestellt, dennoch müssen wir hier auf Erden den Weg durch Geburt und Tod akzeptieren lernen. Es ist ein ewiger Wandel im Sein. Geist und Seele verbinden sich mit der Materie, formen diese aus Eizelle und Samenzelle auf wunderbarste Weise zu unserem Wunderwerk Körper. Der Körper dient uns. Es ist unsere Pflicht, gut auf unseren Körper zu schauen, ihn zu lieben und zu pflegen, ihn zu trainieren und ihm Ruhe zuzugestehen in unserem eigenen individuellen Rhythmus. Tun wir das, so wird er uns dienen, bis die Zeit gekommen ist, einen Dimensionswechsel vorzunehmen. Durch das Tor des Todes zu gehen, bedeutet, einen Quantensprung ins Licht der Feinstofflichkeit zu erleben. Durch die Geburt auf die Erde zu kommen, bedeutet, einen Quantensprung in die Materie hinein zu erleben.

Der Alterungsprozess unseres Körpers wird wesentlich von unserer Bewusstheit und natürlich von unseren Lebensbedingungen bestimmt. Im Alterungsprozess oder durch schlechte und belastende Lebensbedingungen kann es zu zahlreichen und oft quälenden Abnutzungserscheinungen kommen. Die Gelenke, die Muskeln, die Knochen, die Organe fordern wir oft weit über die Grenzen der gesunden Belastbarkeit. Eine Abnützung kann anzeigen, dass wir den Bogen überspannt haben. Dass wir uns zu viel aufgebürdet haben, zu viel abverlangt haben. Der Körper reagiert wie eine Bremse, die blockiert und uns zur Ruhe zwingt. Der Impuls kann auch von unserer Seele ausgehen, wenn sie sagt: „Halte ein, das was du tust entspricht nicht dem Sinn deines Lebens!" Oder aber die Abnützung ist eine natürliche Verlangsamung der Lebensenergie am Ende unserer Tage. Dann will uns die Schwäche zur Innenschau hin bringen, um uns von den äußeren Dingen mit Würde zu verabschieden und die große Reise anzutreten.

Abnützungs-Beispiele und ihre Bedeutung:

Abnützung	Transformation in Stärke
Abnützung Knie	Beugst du dich zu viel oder zu wenig Ausgleich zwischen Demut und Durchsetzungswille
Abnützung Schultern	Lasten abgeben und loslassen. Altes verabschieden

Abnützung Hüften	Das Leben in Liebe ausbalancieren Das Gleichgewicht halten
Abnützung Herzschwäche	Den Lebensmotor nicht überfordern, nicht durchs Leben rasen, sondern in die Weite wandeln
Abnützung Leberschwäche	Entgiftung, auf geistige und emotionale Hygiene achten, mit Energie haushalten lernen

Krankheit hat immer drei zeitliche Phasen:

- **Eine aktive Konfliktphase**
- **Eine neutrale Phase**
- **Eine Heilungsphase**

Die aktive Konfliktphase ist unmittelbar mit dem Ereignis und seiner zeitlichen Dauer verknüpft. Die aktive Konfliktphase kann Sekunden, Minuten oder aber auch sehr lange andauern, wenn der auslösende Unfall (Trauma), die Gifteinwirkung oder die Angst auch sehr lange andauern.

In der neutralen Phase hängt es davon ab, ob im Energiesystem des Menschen die Stärken oder die Schwächen überwiegen. Überwiegen die Stärken, wird sich keine Krankheit manifestieren. Überwiegen die Schwächen, wird sich eine Krankheit zeigen.

In der Heilungsphase flammt oft der ursprüngliche Konflikt, allerdings meistens verlagert auf die Zellebene oder Organ- und Stoffwechselebene nochmals auf. Hier versucht der Körper, das Ereignis zu verarbeiten und die Schwäche in Stärke umzuwandeln.

Dieses Ereignis ist eine Heilungskrise und wird oft als Krankheit empfunden, obwohl es bereits die Heilung bewirkt. Durch Reiki-Behandlung kann eine Heilungskrise ausgelöst werden. Es zeigt sich dann, dass der Organismus bereits aktiv an der Heilung arbeitet und die Selbstheilungskräfte am Werk sind. Meistens vergeht so eine Heilungskrise nach vier Tagen wieder. Eine gewisse Instabilität, psychisch und auch körperlich, kann allerdings bis zu 21 Tage nachwirken.

Heilungskrisen

Ob körperlich, psychisch oder mental, Heilungskrisen können unsere Entwicklung begleiten. Wir brauchen keine Angst vor ihnen zu haben.

Einmal sagte eine Frau zu mir: „Reiki, nein danke, da kommen Heilungskrisen auf mich zu!“ Ja, was soll man da sagen? Wer nicht bereit ist, Körper, Seele und Leben in Reinheit und Ordnung zu halten und lieber wartet, bis Angestautes zur Krankheit wird, der entscheidet sich eben für diese Erfahrung. Wichtig ist, dass du weißt, dass Reiki immer nur sichtbar macht, was ohnehin schon da ist. Eine Krankheit, die latent bereits da war, kann durch Reiki erkannt und durch die Früherkennung sofort behandelt werden. Ich möchte ein Beispiel aus meiner Praxis erzählen.

Eine junge Frau kam zur Reiki-Behandlung, da sie sich immer so müde und schlapp fühlte. Nach der dritten Behandlung rief sie mich an und erzählte mir, dass ihr sehr schlecht gewesen sei und sie erbrechen musste. Ich riet ihr, sich sofort untersuchen zu lassen. Der Hausarzt schickte sie zu einer gründlichen Untersuchung ins Krankenhaus. Die junge Frau war nun verängstigt und fragte mich, ob Reiki an allem schuld sei. Ich versicherte ihr, dass Reiki als absolute Heilkraft zu ihrem Besten wirkt und bat sie um Geduld. Sie beruhigte und entspannte sich und bei den Untersuchungen wurde eine Unverträglichkeit auf verschiedene Lebensmittel festgestellt. Da die junge Frau diese Lebensmittel regelmäßig gegessen hatte, musste der Körper seine ganzen Kräfte mobilisieren, um mit diesen Lebensmitteln fertig zu werden. Das Immunsystem war angegriffen, die Nahrung konnte nicht richtig verwertet werden, die Energie sank ab, sie fühlte sich müde und schwach und hatte auch Untergewicht. Durch eine gezielte Diät und den Aufbau der fehlenden Spurenelemente konnte ihr sehr schnell geholfen werden. Reiki verhalf ihr zu viel mehr Lebensenergie und bald war aus der müden abgespannten jungen Frau ein lebenslustiger und aktiver, gesunder Mensch geworden.

Heilungskrisen können auch als Erstverschlimmerung bei einer Krankheit auftreten. Beispielsweise kann bei Schnupfen nach der Reiki-Behandlung Fieber auftreten. Die Selbstheilungskraft wird durch Reiki angeregt und so kann der Körper einen Impuls bekommen, dass es Zeit ist, die natürliche Abwehrkraft gegen die Verkühlung einzusetzen. Diese ist: Fieber! Legst du dich einige Tage ins Bett, kann die Krankheit sich auf natürliche Weise ausheilen. Das stärkt dein Immunsystem. Im Normalfall wird eine Heilungskrise binnen vier Tagen bewältigt. Leichte Nachwirkungen können 21 Tage andauern. Störungen, die darüber hinaus wirken, sollten natürlich schulmedizinisch abgeklärt werden. Schulmedizin, Alternativmedizin und Energetik sollten nicht gegeneinander, sondern miteinander, heilend eingesetzt werden. Zu beachten ist, dass die Verantwortung für deine Gesundheit bei dir selbst liegt! Übergib deine Verantwortung weder einem Arzt noch einem Heiler. Ausschlaggebend für Heilung sind deine eigenen Selbstheilungskräfte, für deren Aktivierung du selbst verantwortlich bist.

Schwächen in Stärken verwandeln

Reiki will deine Schwächen in Stärken verwandeln. Je bewusster du deinen Körper und dein System dabei unterstützt, um so schneller und besser kann Heilung erfolgen!

Ich habe aus meiner Praxis drei grundlegende Erkenntnisse gewonnen, die ich hier an dich als Schlüsselaussagen weitergebe. Mögen diese Gedanken dir Helfen, Krankheitsbilder und Schwächen in Stärken und in Gesundheit zu verwandeln.

Schlüsselaussagen:

1. Jede Krankheit ist bereits ein Impuls der Heilung
2. Schmerz erzwingt (Gottes) Gegenwartsbewusstsein
3. Jede Krankheit erfordert eine bewusste Entscheidung von dir

Lasse uns diese Schlüsselaussagen genauer betrachten.

Eine Krankheit hat gemäß dem Polaritätsprinzip, in dem wir hier irdisch leben, immer zwei Ankerpunkte: einen im Organ oder Körperteil und einen im Gehirn und Bewusstsein.

Menschen, die beispielsweise eine angeborene, schmerzfreie, genetische Krankheit haben und sich ihrer Krankheit und Andersartigkeit nicht bewusst sind, fühlen sich nicht krank. Ihr Zustand ist eben ihr Zustand. Erst wenn die Gesellschaft ihnen ihren andersartigen Zustand als Mangel und Krankheit bewusst macht, beginnen sie sich als krank zu fühlen und sich als krank - und somit nicht vollwertig - zu betrachten.

In diesem Fall ist die Andersartigkeit eindeutig körperlich verankert wird aber erst als Krankheit wahrgenommen, wenn sie sich auch im Gehirn und Bewusstsein als Krankheitsbild einnistet.

Andererseits kennen wir das psychosomatische Krankheitsbild, das vom Bewusstsein und Gehirn ausgeht, aber körperlich nicht wirklich ersichtlich ist. Meistens liegt bei einer Krankheit aber das Polaritätsprinzip vor. Die Krankheit ist sowohl im Bewusstsein, als auch im Organ, oder eben der Zelle verankert.

Reiki arbeitet an beiden Ankerpunkten, in der Zelle und im Bewusstsein. Die Reiki-Energie versucht diese Anker zu lösen. Arbeiten wir mit dem 2. Reiki-Grad und setzen wir die Reiki-Symbole ein, so können diese Ankerungen meist noch schneller und effizienter gelöst werden. Aber es kommt immer auf die Bereitschaft des einzelnen Menschen an, wie weit er Heilung überhaupt zulässt.

Schmerz ist ein Bewusstseinsphänomen und erzwingt Gegenwartsbewusstsein. Viele Menschen haben Angst vor Schmerz, sie haben unbewusst Angst vor der Gegenwart und flüchten in die Vergangenheit oder in die Zukunft. Aber unser tatsächliches Leben ist jetzt! Gestern ist nur noch eine Erinnerung und Morgen ist nur eine Vision, aber Heute, das ist real. Sobald wir in einer Schmerzsituation loslassen von der Angst und Verkrampfung, die der Kampf gegen den Schmerz mit sich bringt, lindert sich der Schmerz. Ich habe das oft erfahren. Reiki hilft uns, mit Schmerzsituationen besser umzugehen und Schmerzen zu lindern. Ganz selten aber kommt es auch vor, dass während einer Reiki-Behandlung oder eines Seminars ein Schmerz hochkommt. Das geschieht dann, wenn der Schmerz wohl schon lange darauf gewartet hat, sich zu zeigen und die Seele in der durch die Reiki-Energie beschützen Situation beschließt, den Schmerz jetzt zuzulassen und zu durchleben, damit er aus dem System verabschiedet werden kann. Es gibt eben Programme in uns, die wir zu durchleben haben. Wahrscheinlich beruhen sie auf einem irgendwann von uns gefassten Entschluss.

Schmerz kann wie Fieber eine große heilende Kraft freisetzen. Aber nicht immer muss Schmerz durchlebt werden, sehr oft ist es möglich, Schmerzfreiheit zu erlangen. Je mehr wir gelernt haben ganz bewusst im Hier und Jetzt zu sein, umso weniger wird der körperliche und seelische Schmerz uns plagen. Aber hab Geduld, es braucht seine Zeit, bis alles in uns in Harmonie und Ausgleich gebracht ist. Schmerz hat auch, wie die Angst, eine warnende Aufgabe. Wir sollten Schmerz nicht gleich unterdrücken, sei es durch Tabletten oder auch durch hypnotische oder energetische Schmerzausschaltung, ohne gefragt zu haben, was der Schmerz uns sagen will. Erst wenn wir die Botschaft des Schmerzes sozusagen dankend entgegengenommen haben, sind wir berechtigt, ihn zu verabschieden. In diesem Sinne dient uns der Schmerz auch.

Noch ein Wort zu Schmerzen, die durch bestimmte Untersuchungen herbeigeführt werden. Es macht mich immer tief traurig, dass eine Schulmedizin, die einerseits so grandiose Möglichkeiten der Schmerzlinderung anbietet, andererseits bei bestimmten Untersuchungen so brutal mit den Menschen umgeht, körperlich und psychisch Schmerz auslöst. Immer wieder wird in der Reiki-Praxis von traumatischen Schmerzerlebnissen bei Untersuchungen berichtet.

Schmerz ist ein Bewusstseinsphänomen, ein Schrei des Körpers und der Seele. Der Schaden, der hier am Patienten angerichtet wird und die Angstgefühle, die den Körper dann beherrschen, machen Heilung und Urvertrauen fast unmöglich. Ich rufe daher die Mediziner auf, genau abzuwiegen, ob Untersuchungen schmerzlicher und oft entwürdigender Art überhaupt notwendig sind und ob nicht der Schaden den sie in der Seele, der Würde und dem Selbstwertgefühl des Menschen anrichten, möglicherweise größer ist als das sogenannte Ergebnis, das sie bringen. Aber natürlich muss der Patient lernen, immer selbst Verantwortung über sein Leben und seine Gesundheit zu übernehmen. Frag daher genau, was bei einer Untersuchung gemacht wird, was es bringen soll und ob es unbedingt notwendig ist und vor allem, ob die Untersuchung auch tatsächlich schmerzfrei und würdevoll vorgenommen wird. Wenn du unsicher bist, ziehe immer einen zweiten Arzt zu.

In welcher Phase auch immer sich eine Krankheit befindet, akute Konfliktsituation, neutrale Phase oder Heilungsphase, immer will sie uns zeigen, dass es einer zunehmenden Bewusstheit bedarf. Wir müssen und dürfen uns entscheiden, die volle Verantwortung für unseren Körper und unsere Seele sowie für unser gesamtes Leben und unsere Lebensumstände selbst bewusst zu übernehmen. Mit Gottes Hilfe kann uns dies gelingen. Ich möchte fast sagen nur *mit Gottes Hilfe.* Denn stünden wir ganz alleine da mit der vollen Verantwortung, sie würde uns sehr bedrücken. Sobald wir uns aber synchron in unserem Willen mit dem Willen des Universums ausrichten, bekommen wir höchstmögliche Unterstützung und Heilkraft. Reiki ist einer von vielen Wegen, sich mit dem göttlichen

Willen zu synchronisieren und Hilfe und Führung aus höherer Quelle anzunehmen. Jede Krankheit ist demnach eine Aufforderung zur Entscheidung. Krankheit will dir bewusst machen, dass du selbst es bist, der sein Schicksal wählt. Entscheide dich, Verantwortung selbst zu übernehmen und orientiere dich an dem großen Potential deiner Selbstheilungskraft, die durch die göttliche Quelle gestärkt wird. Wir müssen lernen, zu erkennen, dass wir in eben diesem Maße selbst eigenverantwortliche Schöpfer unseres Schicksals sind, als wir auch akzeptieren, Kinder des Schöpfers zu sein.

Solange wir nicht akzeptieren, Kinder des Schöpfers zu sein, ist unsere große göttliche Schöpferkraft blockiert und wir sind Spielball unbewusster Gedanken und experimenteller menschlicher Energien. Alles Leid dieser Welt wird verschwinden, sobald wir die Illusion vom Paradies aufgeben und tatsächlich den Fuß zurück ins Paradies setzen.

Krankheitsbilder in ihrer Bedeutung

Jede Krankheit, jede Störung in unserem System will uns etwas mitteilen und will uns etwas sagen. Anbei die Auflistung einiger Krankheitsbilder und ihrer Bedeutungen, die sich in der Reiki-Praxis als hilfreich erwiesen haben, um Zusammenhänge herauszufinden. Die Antwort und die Verantwortung suchst du selbst, indem du dich ehrlichen Herzens den Fragen des Lebens stellst.

ALLERGIE

Mögliche Zusammenhänge: Unbewusste Angst im Zusammenhang mit Sexualität, Scham, als schmutzig bewertete Vorstellungen und verdrängter Lust. Die eigenen Bedürfnisse unterdrücken. Lernen, eigene Grenzen ebenso zu achten wie die der anderen.

Verantwortung: Welche Lebensbereiche meide ich? Welche Emotionen verdränge ich? Verzichte ich auf Manipulation?

ARME

Mögliche Zusammenhänge: Ursachen eingeschränkter Handlungsfähigkeit ergründen müssen.

Verantwortung: In welchen Lebensbereichen bin ich nicht handlungsfähig? Welche Handlungen fallen mir tatsächlich schwer und warum?

ASSIMILATION, ATMUNG

Mögliche Zusammenhänge: Ungleichgewicht von Geben und Nehmen, Kontakt und Abgrenzung, Freiheit und Zwang, Du und Ich.

Verantwortung: Was nimmt mir die Luft zum Leben? Was will ich nicht loslassen und was nicht annehmen?

ASTHMA

Mögliche Zusammenhänge: Aggressionen und Ängste nicht mehr projizieren, sondern annehmen.

Verantwortung: In welchen Bewertungsmaßstäben bin ich gefangen? Kann ich meine Aggression und/oder meine Dominanz nicht erkennen?

AUGEN

Mögliche Zusammenhänge: Konflikt zwischen seelischer und irdischer Wahrnehmung. Selbsterkenntnis als Lebensaufgabe.

Verantwortung: Wie blicke ich in die Welt? Wie erblickt mich die Welt?

Was will ich nicht wahr haben? Vertraue ich dem Auge Gottes in mir?

BANDSCHEIBEN

Mögliche Zusammenhänge: Überlastung, zu viel tragen wollen. Hoher Leistungsdruck. Sich immer beweisen müssen, überspieltes Minderwertigkeitsgefühl.
Verantwortung: Was will ich mir beweisen? Darf ich es wagen, etwas abzugeben? Wie beweglich oder verklemmt bin ich in meiner Geisteshaltung?

BAUCH

Mögliche Zusammenhänge: Verletztes Ur-Vertrauen. Probleme mit der Wiege des Lebens. Sich zu viele Sorgen machen.
Verantwortung: Was brauche ich, um mir und anderen wieder vertrauen zu können? Bin ich bereit, der intuitiven Weisheit der Urmutter in mir zu begegnen?

BAUCHSPEICHELDRÜSE

Mögliche Zusammenhänge: Unbewusste Lust- und Genussverweigerung. Zu strenge Askese.
Verantwortung: Bin ich bereit, die Süße des Lebens anzunehmen?

BEINE

Mögliche Zusammenhänge: Angst dem Leben nicht gewachsen zu sein. Mangelnder Mut zum Fortschritt. Orientierungslosigkeit. Gleichgewichtsstörung. Ruhe brauchen.
Verantwortung: Meine Beine tragen mich, aber weiß ich wohin ich will? Erlaube ich mir, im Stillstand zu sein und mich auszuruhen? Habe ich klare Ziele? Bin ich im Gleichgewicht?

BINDEGEWEBE

Mögliche Zusammenhänge: Angst, den Halt in der Familie, im Team oder in der Gesellschaft zu verlieren.
Verantwortung: Bin ich leicht beleidigt? Bin ich nachtragend? Oder lasse ich mich leicht überrumpeln?

BLASE

Mögliche Zusammenhänge: Zu großer Erfolgsdruck. Angst vor Erneuerung.
Verantwortung: Lasse ich die Dinge an mich herankommen? Habe ich gelernt, Abschied zu nehmen?

BLUT

Mögliche Zusammenhänge: Unbewusst in der Herde mitgerissen. Gestrandet sein an einem Ufer.
Verantwortung: Schwimme ich im Fluss des Lebens und der Lebensfreude? Wahre ich meine Integrität?

BLUTDRUCK

Mögliche Zusammenhänge: Verlangsamte oder überzogene Lebensdynamik. Zwiespalt von Macht und Ohnmacht. (Blutdruck ist individuell! Was für den einen bereits hoch ist, kann für den anderen ganz normal sein!)

Verantwortung: Nehme ich Herausforderungen an? Mut-Feigheit, wo liegt mein rechtes Lebensmaß? Habe ich meinen eigenen Rhythmus gefunden? Bin ich im Einklang mit meiner Umgebung?

BLUTUNG

Mögliche Zusammenhänge: Mangel an Dankbarkeit und Selbstvertrauen. Nach außen projizierte Lebenserwartungen. Schuldgefühle und Schuldzuweisungen statt Schutz und Verteidigung zu aktivieren.
Verantwortung: Nehme ich mein Leben wirklich selbst in die Hand? Erkenne ich, dass niemand Schuld hat, aber jeder sein eigenes Maß an Verantwortung tragen muss? Schütze ich meine Grenzen?

BRONCHIEN

Mögliche Zusammenhänge: Beziehungsangst, Verlustangst, Konfliktscheuheit.
Verantwortung: Kann ich Wandlungsprozesse zulassen? Bin ich im Fluss meines Lebens? Wer oder was verschleimt oder reizt mir den (Atem) Weg.

BRUST, BRUSTKORB

Mögliche Zusammenhänge: Werte und Ideale überprüfen müssen. Angst, aus der Deckung zu gehen und die eigene Größe zu zeigen.
Verantwortung: Wie stolz bin ich auf mich selbst? Habe ich Angst, Stärke zu zeigen oder Schwäche zuzugeben? Was beengt oder drückt mich in meinem Leben? Habe ich den Mut meinen Flügelaltar (Lungenflügel) zu öffnen?

BULIMIE

Mögliche Zusammenhänge: Missbraucht worden sein oder sich missbraucht fühlen. Flucht vor der Wirklichkeit.
Verantwortung: Bin ich bereit, meinen (Selbst-)Hass loszulassen? Bin ich bereit, mich selbst zu lieben und zu unterstützen?

BUSEN

Mögliche Zusammenhänge: Zwiespalt zwischen nähren und genährt werden, lieben und geliebt werden.
Verantwortung: Bin ich bereit, Enttäuschungen zu verabschieden? Kann ich mich selbst voll und ganz in Liebe annehmen?

CHRONISCHE KRANKHEITEN

Mögliche Zusammenhänge: Sich einem Konflikt nicht stellen wollen. Mangelnde Entscheidungsfähigkeit. Festhalten an Schuldgefühlen oder Schuldzuweisung, festhalten an Kritik und Selbstkritik.
Verantwortung: Bin ich bereit, mein Leben aktiv zu gestalten? Bin ich bereit, zu vergeben und Konflikte zu lösen? Bin ich bereit, zu vertrauen?

DARM

Mögliche Zusammenhänge: Das Leben und seine Erkenntnisse (Lernschritte) verdauen lernen. Das mir Wertvolle vom mir Wertlosen unterscheiden lernen.
Verantwortung: Bin ich bereit, die Essenz des Lebens zu suchen und

aufzunehmen? Bin ich bereit, Ballast abzuwerfen und Unnötiges dankbar zu verabschieden?

DEPRESSION

Mögliche Zusammenhänge: Zwiespalt zwischen Wut und Hoffnungslosigkeit. Lebensverweigerung. Zwischen Liebe und Nähe und Einsamkeitsbedürfnis hin- und hergerissen sein.
Verantwortung: Erlaube ich mir eine schöne Vision vom Leben? Bin ich bereit, Einsamkeit auszuhalten oder suche ich lieber Nähe? Bin ich bereit, anderen Menschen meine Liebe und Aufmerksamkeit zu schenken? Bin ich bereit, auf Mitleid zu verzichten?

DIABETES, ZUCKERKRANKHEIT

Mögliche Zusammenhänge: Trauer um Vergangenes, großer Kummer. Probleme, Liebe anzunehmen. Sauer auf das Leben sein.
Verantwortung: Erlaube ich mir meine kleinen süßen Sehnsüchte? Darf (kann) ich die schönen Seiten des Lebens genießen?

DICKDARM, VERSTOPFUNG

Mögliche Zusammenhänge: Harmonie zwischen Festhalten und Hergeben finden. Verdrängung unbewusster Bilder. Kontrollzwang.
Verantwortung: Was darf (nicht) ans Licht kommen? Gibt es Leerbereiche (Löcher) in meinem Leben, die ich glaube ausfüllen (stopfen) zu müssen?

DÜNNDARM, DURCHFALL

Mögliche Zusammenhänge: Mangelnde oder übertriebene Sorgfalt und Akribie. Zwiespalt zwischen Detail, Analyse und Ganzheitlichkeit. Angst, zu versagen und durchzufallen. Angst vor Kritik.
Verantwortung: Bin ich flexibel und dennoch genau? Habe ich eine gute und neutrale Beobachtungsgabe? Wovor habe ich Angst (Schiss)? Will ich immer Liebkind sein, oder kann ich Kritik ertragen?

DRÜSEN

Mögliche Zusammenhänge: Zwiespalt zwischen unverbindlich Ideen sammeln und aktiv Initiative ergreifen. Sich von uneingestandener Trauer oder unerfüllter Sehnsucht befreien wollen.
Verantwortung: Bin ich bereit, meine schöpferische Kraft einzusetzen? Bin ich bereit, meine Gefühle der Traurigkeit zu durchleben? Darf ich auch einmal auf meine Tränendrüsen drücken und mich gesund weinen?

EIERSTÖCKE

Mögliche Zusammenhänge: Zwiespalt zwischen aktiver schöpferischer Kreativität und sehnsuchtvoller Hingabe an die Schöpfung. Kernthemen ergründen.
Verantwortung: Erfreue ich mich am kreativen Geschenk meiner schöpferischen Freiheit? Sind Ruhe und Aktivität in Harmonie in meinem Leben? Bin ich zur Mutterschaft bereit?

ELLENBOGEN

Mögliche Zusammenhänge: Neue Blickwinkel und neue Handlungen zulassen.
Verantwortung: Welche Richtung möchte ich als nächste Erfahrung frei und selbstbestimmt wählen? Darf ich meine Meinung ändern? Bin ich zu egoistisch? Muss ich mich besser durchsetzen lernen?

ENTZÜNDUNG, INFEKTION

Mögliche Zusammenhänge: Konflikte verdrängen, die dann über Krankheitserreger in den Körper eingelassen werden und sich da entzünden. Je nachdem, welches Organ von der Entzündung betroffen ist, zeigt sich der Zusammenhang mit den unterschiedlichsten Themen. Akute Entzündungen zeigen aktuelle Themen. Chronische Entzündungen zeigen verschleppte Konflikte an, eventuell auch systembedingte Konflikte, die in der Ahnenreihe unbewusst weitergegeben wurden. Jede Infektion ist ein stofflich gewordener Bewusstseinskonflikt.
Sich impfen zu lassen schafft eine Verlagerung; nur zu oft wird dadurch die Verantwortung für einen Konflikt nach außen verschoben in die Projektion der Schuld. Mit jeder Impfung bekommt ein Kind einen Fremdkonflikt unter die Haut gespritzt, den es abwehren muss. Es erfährt die Umwelt als Feind und nicht als liebevollen Beschützer. Abwehrkrankheiten wie Asthma, Allergien und auch Borderlein können die Folge sein, von in der Kindheit andaurnd provozierten Konflikten durch künstliche Erreger, die in die stoffliche Ebene des Körpers geimpft werden, aber auch im Bewusstsein die Botschaft „ich muss mich wehren" einprägen.
Bei einer Infektion muss man lernen mit den Erregern, den Konflikten zu leben und friedliche Lösungen zu finden. Entzündung hat mit entzünden, also mit Feuer, zu tun, eventuell zu wütender Abwehr eines Konfliktthemas, das Abkühlung braucht. Infektion kann aber auch zu geringe Abwehr eines Konfliktthemas anzeigen, also Unterwürfigkeit oder Beeinflussbarkeit, hier muss das Ego gestärkt, also erwärmt werden.
Verantwortung: Entzünde ich mich zu heftig, nehme ich mich zu wichtig oder bin zu mir selbst nicht wichtig genug? Wer oder was bedroht mich? Wie kann ich mich schützen, wie abgrenzen oder verteidigen? Welchen Konflikt will ich nicht sehen? Welchem Konflikt will ich ausweichen? Welchen Konflikt gestehe ich mir nicht ein? In welchen Konflikt lasse ich mich hineinziehen? Habe ich gelernt, ruhig und klar NEIN zu sagen?

ERBRECHEN

Mögliche Zusammenhänge: Korrektur des Weges. Falsche Entscheidungen rückgängig machen wollen. Manchmal auch Trotzhaltung und Verweigerung einer Erkenntnis.
Verantwortung: Was kann ich nicht (mehr länger) schlucken? Was möchte ich rückgängig machen und los werden?

ERKÄLTUNG

Mögliche Zusammenhänge: Mangel an Wärme, Ruhe und Rückzugsmöglichkeit. Früher war der Winter eine Zeit des Rückzuges, man hat weniger gearbeitet,

war nicht bereit, vielen Menschen zu begegnen. Heute muten wir uns aber das ganze Jahr andaurnde Bereitschaft zur Arbeit und zur Begegnung mit anderen zu. Körper und Seele wehren sich, wollen (Bett-) Ruhe. Man will niemanden Fremden sehen, die Erkältung, die uns zum Rückzug zwingt, ist die Folge.
Verantwortung: Erlaube ich mir genug Rückzug? Begegne ich mir selbst (und anderen) mit Kälte und Härte oder mit Wärme und Verständnis?

FIEBER

Mögliche Zusammenhänge: Natürliche Abwehr, Aktivierung der Selbstheilungskraft; oder im Extremfall auch Wut auf sich selbst und Attacke gegen sich selbst (Selbstbestrafung). Auch unerlöste Sehnsucht nach Liebe, Ruhelosigkeit.
Verantwortung: Wie kann ich meine innere Kraft sammeln? Wie kann ich mir Gutes tun und Ruhe finden?

F U ß

Mögliche Zusammenhänge: Standfestigkeit, verwurzelt sein und der Mut zur Fortbewegung. Spannungsverhältnis von Tradition und Fortschritt, links und rechts, Yin und Yang, vorne und hinten, Zukunft und Vergangenheit.
Verantwortung: Wie stehe ich im Leben? Bin ich gut verankert? Habe ich den Mut, fortzuschreiten auf meinem Weg? Bin ich in Harmonie mit meinen Zielen? Bin ich in Harmonie mit meiner Mitwelt? Wen oder was möchte ich am liebsten „treten“, wer oder was verpasst mir einen „Tritt“?

GALLE, GALLENKOLIK

Mögliche Zusammenhänge: Uneingestandene Ablehnung, Ekel oder falsch verstandenes Pflichtgefühl. Unbewältigte Agressionen. Angst vor eigenen oder fremden Agressionen.
Verantwortung: Darf ich meine emotionale Energie frei fließen lassen?

GALLENSTEINE

Mögliche Zusammenhänge: Zu großer familiärer oder beruflicher Zwang. Zu viele Steine am Lebensweg.
Verantwortung: Wie kann ich mich liebevoll aber ganz entschieden von Fremdbestimmung abnabeln? Habe ich den Mut, eigene Entscheidungen zu treffen?

GASTRITIS (SIEHE AUCH ENTZÜNDUNG)

Mögliche Zusammenhänge: Nagende Ungwissheit, Konfliktverdrängung, Ärger und sauer sein.
Verantwortung: Was würde mir jetzt gut tun? Auf wen bin tatsächlich sauer? Was traue ich mich nicht zu sagen? Kann ich mir selbst noch vertrauen? Darf ich auch meinen Ärger zeigen und mir Luft machen?

GEBÄRMUTTER

Mögliche Zusammenhänge: Urvertrauen, Heimat, Mutter-Themen, Kind-Themen, Geburt, Lebensfragen, Schöpferkraft und Kreativität.
Verantwortung: Bin ich mir selbst eine gute Mutter? Wie sieht es mit

meinem Urvertrauen aus? Kann ich meine Weiblichkeit annehmen? Kann ich meine Mutter (mich als Mutter) ehren? Bin ich bereit, immer wieder Neues zu wagen und Neues zur Welt zu bringen?

GEHIRN

Mögliche Zusammenhänge: Verarbeitung von Wahrnehmungen und Erfahrungen. Schaltzentrale des Geistes. Bewusstsein und Bewusstseinskontrolle. Das Unfassbare erkennen wollen. Dem Wunder des Lebens begegnen.
Verantwortung: Wer bin ich, wenn ich gerade nicht denke? Wer oder was steuert mich so selbstverständlich? Wer oder was lenkt mein Leben und meine Lebensabläufe? Bin ich in Harmonie mit meinem Schöpfer und mir auch meiner Schöpferkraft und meines freien Willens bewusst?

GEHIRNERSCHÜTTERUNG

Mögliche Zusammenhänge: Erschütterung des Weltbildes, Korrektur von Einsichten. Aus Erfahrungen nicht lernen wollen.
Verantwortung: Lerne ich freiwillig oder warte ich, bis das Leben mich erschüttert und zum Umdenken zwingt?

GEHÖR

Mögliche Zusammenhänge: Ein offenes Ohr haben, jemandem Gehör schenken. Nichts hören wollen, oder aber zu gehorsam sein. Verweigerung von Lernschritten (wer nicht hören will, muss fühlen). Aus der Bahn geworfen werden (Gleichgewichtsstörung). Aufrichtigkeit und Ehrlichkeit (innere Stimme, Gewissen).
Verantwortung: Wen oder was erhöre ich? Klang und Stille, Reden und Schweigen, höre ich mir selbst und anderen wirklich zu? Bin ich aufrichtig zu mir selbst? Für was bin ich taub geworden? Wovor verschließe ich mich oder womit dröhne ich mich zu?

GELENKE

Mögliche Zusammenhänge: Beweglichkeit, Richtung, Zielsetzung, Veränderung zulassen. Fortschritt, Entwicklung.
Verantwortung: Welche Motive lenken mich? Bin ich zu starr oder bin ich zu leicht beeinflussbar (drehbar)? Was will ich wirklich? Lebe ich meine Ideale? Welche Pläne habe ich aufgegeben? Wofür fehlt mir der Mut oder die Initiative? Will ich mich auf Biegen und Brechen durchsetzen? Darf ich mein Leben auch ganz locker leben?

GESCHLECHTSORGANE

Mögliche Zusammenhänge: Identifikation mit Weiblichkeit und Männlichkeit überprüfen. Die Suche nach dem göttlichen Komplimentär. Themen von Vollkommenheit und Unvollkommenheit. Die Polarität annehmen lernen. Lust, Glück und Freude erleben dürfen. Tabus verabschieden, Freiheit erlangen.
Verantwortung: Wie geht es meiner inneren Frau? Wie geht es meinem

inneren Mann? Bin ich bereit, das Gefängnis fehlgeleiter Vorstellungen zu verlassen und ins Paradies zurückzukehren? Bin ich bereit, hingebungsvoll zu lieben und Liebe auch anzunehmen? Kann ich Berührung zulassen?

GICHT

Mögliche Zusammenhänge: Aufopferung, Übertreibung, oder zu steif im Denken, zu starr im Geiste. Zu große Ungeduld kann zu Versteifung führen, die aber nicht geduldig, sondern abgestumpft und gleichgültig, ertragen wird.
Verantwortung: Kann ich geduldig sein, ohne abzustumpfen? Bleibe ich mir selbst treu, auch wenn ich Veränderungen zulasse? Muss ich etwas beweisen, oder darf ich einfach nur glücklich sein? Was macht mich steif? Was will ich endlich loslassen?

GESCHWÜR

Mögliche Zusammenhänge: Frage nach dem Sinn des Lebens. Nagende Zweifel und grauenhafte Vorstellungen. Angst nicht zu genügen und zu versagen. Die Vorstellung, fremden Wucherungen ausgeliefert zu sein. Falsche Schwüre geleistet haben.
Verantwortung: Wovor habe ich Angst? Welche Schwüre, welche Vorstellungen und Glaubenssätze sollte ich loslassen? Was will mir meine Angst sagen? Ich bin okay so wie ich bin! Ich nehme mich selbst an als wertvolles göttliches Lebewesen.

GESICHT

Mögliche Zusammenhänge: Wie zeige ich mich der Welt. Angst das Gesicht zu verlieren ist die Angst Anerkennung und Wertschätzung zu verlieren. Schönheit kommt von Innen. Verletzlichkeit zulassen können. Offenheit.
Verantwortung: Kann ich mich lieben so wie ich bin? Zeige ich mein wahres Gesicht, meine wahre Absicht? Bin ich bereit zu einer klaren und ehrlichen Weltsicht? Kann ich auch Schwächen akzeptieren?

HAARE

Mögliche Zusammenhänge: Das Potential der Machbarkeit (Macht). Individualität und Freiheit. „Haare (fallen) lassen" bedeutet auf Macht zu verzichten. Haare schneiden müssen (im Heer oder Gefangenlager beispielsweise) bedeutet in seiner Individualität beschnitten zu werden. Freiwillig gestutztes Haar zeigt Entschlossenheit und Selbstdisziplin.
Verantwortung: Wie dankbar bin ich für meine Freiheit? Wie schaut es aus mit meiner Freiheit und meiner Selbstdisziplin? Kann ich auf Macht (-Missbrauch) verzichten? Vetraue ich auf meine eigene Kraft?

HALS

Mögliche Zusammenhänge: Verletzlichkeit, Sprache, Selbstausdruck, Nahrungsaufnahme, Atmung, Hauptschlagader des Lebens, Durchgangspforte zur Bewusstheit - der Hals hat immer seine individuelle Kragenweite und Empfindsamkeit. Das rechte Maß finden von Aufnehmen und Abgeben. Die Stimme erheben lernen oder eben Schweigen lernen.
Verantwortung: Stürze ich mich „Hals über Kopf" ins Leben oder bin ich

vorsichtig und wohlüberlegt? Was sage ich, was verschweige ich? Was nehme ich in mich hinein, was gebe ich von mir preis? Kann ich den Hals etwa nicht voll genug bekommen? Habe ich meinen eigenen Atem- und Lebensrhythmus gefunden?

HALSSCHMERZEN

Mögliche Zusammenhänge: Unterdrückter Zorn, Konflikte mit sich allein ausmachen wollen oder müssen.
Verantwortung: Was habe ich zu sagen? Bin ich mir meiner Verletzlichkeit bewusst? Was will ich nicht länger schlucken (müssen)?

HAND

Mögliche Zusammenhänge: Handlungsfähigkeit, Selbstbewusstsein, Heilkraft und Begriffsvermögen. Einfühlsamkeit.
Verantwortung: Bin ich Handlanger oder agiere ich bewusst und wohlüberlegt? Handle ich zum höchsten Wohle von mir selbst und auch zum höchsten Wohle aller anderen? Bin ich bereit, mein Leben selbst in die Hand zu nehmen? Welches Handwerk macht mir besondere Freude? Was möchte ich gerne tun?

HAUT

Mögliche Zusammenhänge: Abgrenzung, Schutz. Individualität, Normen, Kontaktfreude oder Kontaktscheuheit. Zärtlichkeit, Berührung zulassen. Selbstachtung.
Verantwortung: Kann ich mich abgrenzen, ohne den Kontakt zur Mitwelt zu verlieren? Bin ich bereit, berührt zu werden und Nähe zuzulassen? Achte ich mich selbst? Respektiere ich andere?

HAUTAUSSCHLAG

Mögliche Zusammenhänge: Abgrenzungsprobleme. Konflikt zwischen Neugier und Angst vor dem Neuen. Spannungsfeld zwischen dem Bedürfnis, sich zu schützen und sich zu öffnen. Beachtet werden wollen.
Verantwortung: Wie weit lasse ich das Leben und andere an mich heran? Was irritiert mich? Will ich mich der Mitwelt zeigen? Will ich mich verstecken?

HERZ, HERZRHYTHMUS

Mögliche Zusammenhänge: Lebensmotor, Emotionen, Gefühle, Gutherzigkeit, Hartherzigkeit, Mut, Zentriertheit, Gottvertrauen und alles was mit Liebe und Güte zu tun hat. Vertrauen in die eigene Herzenskraft und Liebesfähigkeit oder eben Angst und Selbstzweifel.
Verantwortung: Vertraue ich auf meine Herzenskraft und die Güte (das Gute) in mir? Oder bin ich hatherzig zu mir und anderen? Nehme ich mir zuviel zu Herzen? Höre ich auf mein Herz? Springt mein Herz vor Freude? Schlägt mein Herz vor lauter Aufregung? Was erwarte ich? Ist mir das Herz vor Schreck hinunter gefallen? (Unterbewusstsein hält den Schreck vielleicht noch fest.) Was hat mich so herzlos gemacht? Wieso zögert mein Herz? Was will mein Herzensleid mir sagen? Wen oder was habe ich in mein Herz

geschlossen? Wen oder was darf mein Herz jetzt freigeben in Liebe und Frieden?

HERZINFARKT

Mögliche Zusammenhänge: Rücksichtslos gegenüber sich selbst oder anderen. Zu großer Leistungsdruck, Überforderung, Mangel an Liebe. Tyrannei des Verstandes.
Verantwortung: Ich liebe mich und ich liebe mein Leben. Gönne ich mir genug Ruhe und Gemütlichkeit? Kann ich loslassen, fließen lassen und liebevoll vertrauen? Was sehe ich zu engherzig? Höre ich auf mein Herz?

HÜFTE

Mögliche Zusammenhänge: Gleichgewicht, einseitiges Ertragen von Lebenslasten (sich zu wenig helfen lassen), schwere Entscheidungen auferlegt bekommen. Angst, vorwärts zu gehen und Neuland zu betreten. Sich zu viele Sorgen machen.
Verantwortung: Wage ich es, mich frei und leicht zu bewegen? Muss ich denn alles alleine tragen? Was darf ich abgeben? Was sollte ich delegieren?

KEHLE

Mögliche Zusammenhänge: Selbstausdruck, sich mitteilen, Autoritätsprobleme.
Verantwortung: Ich habe ein Recht, mich mitzuteilen. Pfeifen und singen macht mich frei.

KIEFER

Mögliche Zusammenhänge: Akzeptieren von sich selbst und Lebensumständen. Den eigenen Willen ausdrücken, ohne sich oder andere dabei zu zermalmen. Wut, Groll und Rachegefühle loslassen lernen. Sich nicht in fiktive Vorstellungen verbeißen.
Verantwortung: Kann ich loslassen und vertrauen? Wer sagt, dass ich krampfhaft festhalten muss an alten Dingen? Ich bleibe locker und entspannt.

KNIE

Mögliche Zusammenhänge: Sich zuviel oder zu wenig beugen. Spannung zwischen Hochmut und Demut, Stolz, Ego, Sturheit und Ängstlichkeit.
Verantwortung: Bin ich zu unnachgiebig? Fexibel sein macht mich frei. Wie bereit bin ich, zu vergeben und mich dem Fluss des Lebens anzuvertrauen? Bin ich zu hart zu mir selbst? Darf auch ich Fehler machen? Wird man mir meine Fehler verzeihen?

KNOCHEN, KNOCHENBRUCH

Mögliche Zusammenhänge: Strukturen akzeptieren, Halt suchen und finden. Sicherheit und Überzeugungen, Normen hinterfragen müssen. Altes loslassen lernen und neue Erkenntnisse gewinnen. Unterstützung brauchen und annehmen.
Verantwortung: Wie tragfähig ist meine Lebensstruktur? Kann ich verhärtete Vorstellungen loslassen? Womit will ich ein für allemal brechen?

KNÖCHEL

Mögliche Zusammenhänge: Sprungbereitschaft, Freude, ein Wagnis eingehen.
Verantwortung: Den Tanz des Lebens mit Freude tanzen. Erlaube ich mir, vegnügt und lustig zu sein? Oder gibt es eine (versteckte) Schuldzuweisung, die mich hemmt?

KOPF

Mögliche Zusammenhänge: Mangelnde Naturverbundenheit, Kopflastigkeit, sich behaupten wollen, den eigenen Kopf durchsetzen (Dickkopf, Sturkopf) oder unterdrücken wollen (Dummkopf, Wirrkopf), oder den eigenen Kopf verloren haben (Kopf verdreht, kopflos).
Verantwortung: Will ich zu hoch hinaus? Will ich mit dem Kopf durch die Wand? Was macht mir Kopfzerbrechen? Was brummt mir im Kopf herum? Sind mein Herz und mein Kopf in Harmonie? Bin ich gut geerdet? Handle ich überlegt oder kopflos? Oder habe ich ein Brett vor dem Kopf?

KOPFSCHMERZEN

Mögliche Zusammenhänge: Mangelndes Urvertrauen, zu viel Grübeln, zu viele Sorgen, zu große psychische, berufliche oder familiäre Spannungen, immer alles ausgleichen wollen. Zu großes Harmoniebestreben, Kritik oder Negativität nicht aushalten können. Zu hohe Anforderung an die eigene Person stellen. Mangel an Bewegung und frischer Luft. Verdrängung, Unterdrückung sexueller Gefühle und Energien.
Verantwortung: Erlaube ich mir, Lust an Sexualität zu empfinden? Erlaube ich mir mich fallen zu lassen, mich treiben zu lassen. Muss ich immer alles kontrollieren und muss ich immer alles ganz genau wissen? Ich darf loslassen, was ich nicht verstehen kann, was ich nicht ändern kann! Begreifen (Hand) und Verstehen (Beine) sind die notwendigen Gehilfen des Kopfes, nutze ich Hände und Beine oder will ich alles nur mit dem Kopf erledigen?

KRAMPF

Mögliche Zusammenhänge: Erzwungener oder gestörter Lebensrhythmus, ausbrechen wollen, zu lange etwas gegen den eigenen Willen akzeptiert haben, der eigenen Individualität und Persönlichkeit misstrauen. Übetriebenes Festhalten, Angst vor Veränderung.
Verantwortung: Ich darf mich entspannen, ich darf loslassen. Kann ich mich auf Neues freuen? Warum glaube ich, meinen Rhythmus nicht leben zu dürfen?

KRAMPFADERN

Mögliche Zusammenhänge: Blockierte, gestockte Entwicklung, dem Fluss des Lebens misstrauen. Geistige und/oder körperliche Trägheit, mangelnde Beweglichkeit, Angst vor Veränderungen. Oder auch berechtigte Warnung bei zu leichtsinniger Veränderung der Lebenseinstellungen und der Existenzgrundlage. Auch große seelische Verletzlichkeit, entmutigt sein.
Verantwortung: Was zirkuliert nicht frei in meinem Leben? Was blockert

mich oder was will ich (unbewusst) blockieren? Was will mir meine Verletzlichkeit sagen?

KREBS

Mögliche Zusammenhänge: Unbewusste Opferrolle. Unverarbeitetes Schockerlebnis, (unbewusste, politische, gesellschaftliche, berufliche oder private) Interessenskonflikte, die vom Körper übernommen und ausgetragen werden. Verdrängte unbewusste Aggressionen oder vergiftetes Lebensumfeld, schädliche Nahrungsmittel, schädliches Umfeld, dem man „zum Opfer gefallen" ist. Zwiespalt zwischen Einheit und Individualität, Konflikt zwischen Zielsetzung, Wunscherfüllung und destruktivem Sinnlosigkeitsempfinden und tiefer oft nicht eingestandener Depression. Krebs braucht nicht besiegt zu werden, er muss nur verstanden werden, um geheilt werden zu können. Krebs ist immer ein Schrei nach LIEBE.
Verantwortung: Kann ich mir meine Schwächen, meine Opferrolle verzeihen? Kann ich mir selbst und anderen vergeben? Gegen wen will ich (unbewusst) kämpfen? Wen oder was glaube ich, besiegen oder vernichten zu müssen? Kann ich EINS SEIN mit mir selbst? Kann ich meinen Körper lieben, achten, annehmen und gut für sein Wohlergehen sorgen? Welchen Schock (Schreck) habe ich nicht gut verarbeitet? Ich darf vertrauen, dass ich okay bin, so wie ich bin! Ich erinnere mich jetzt an das, was meine Seele sich vorgenommen hat und ich diene meinem höchsten Wohle.

KREISLAUF

Mögliche Zusammenhänge: Wechselspiel von Dynamik, Ausdauer und Veränderung eigenverantwortlich steuern lernen. Dem Druck aus der Umgebung zu viel oder zu wenig nachgeben. Sich durchsetzen lernen, standhalten - niederer Blutdruck; oder loslassen von Erwartungshaltungen - hoher Blutdruck.
Verantwortung: Wie gut kann ich mich durchsetzen? Wie gut kann ich Grenzen akzeptieren oder auch Grenzen setzen? Sind meine Erwartungen an mich höher als meine Bereitschaft zur Aktivität? Kann ich auch loslassen und nachgeben?

LEBER

Mögliche Zusammenhänge: Werte und Weltanschauung überprüfen. Unterscheiden lernen von nützlich und unnütz, von wenig und zu viel. Fehleinschätzungen und Maßlosigkeit erkennen lernen.
Verantwortung: Wie gehe ich mit (meinen) Energien um? Was vergiftet mein Leben? Finde ich das rechte Maß? Wie schaut es aus mit meiner Rückbindung ans universelle, göttliche Prinzip?

LUNGE

Mögliche Zusammenhänge: Kontakt, Austausch, Kommunikation, Freiheit. Lebensmut und Lebensfreude, Leichtigkeit, Spiel, Geben und Nehmen.
Verantwortung: Atme ich leicht und vertrauensvoll oder nehme ich alles viel zu schwer? Was beengt mich und was empfinde ich als „atemberaubend"?

Habe ich Angst, mich zu öffnen und mich in meinen wahren Wünschen und Sehnsüchten mitzuteilen (meinen intimen Atem mit anderen zu teilen)? Wer oder was schnürt mich zu?

MAGEN

Mögliche Zusammenhänge: Aufnahmefähigkeit, gefühlsbetontes Verarbeiten von Eindrücken und Vorstellungen, Verweigerung, Konflikte oder Kritik anzunehmen und als nützlich zu erkennen. Agressionen, Furcht, die man verdrängt. Ärger loslassen.
Verantwortung: Welche angstvolle (ekelige) Vorstellung schlägt sich mir auf den Magen? Was „fresse" ich tatsächlich in mich hinein? Was macht mich so sauer? Was lehne ich ab, was möchte ich nicht mehr akzeptieren? Welcher Kummer drückt mich, welchen geheimen Hunger möchte ich stillen?

MILZ

Mögliche Zusammenhänge: Festhalten an übertriebenen Vorstellungen. Abwehren von fremden Einflüssen.
Verantwortung: Kann ich der Weisheit meines Körpers vertrauen? Habe ich genug Klarheit in meiner eigenen Wahrnehmungsfähigkeit?

MUND

Mögliche Zusammenhänge: Aufnahmebereitschaft, Eigenverantwortung und Genuss. Stimme, Nahrung, Atem - der Mund ist eine der wichtigsten Körperöffnungen. Die Oralzone ist sehr sensitiv und wichtig sowohl für unsere Wahrnehmung als auch für unser Wohlbefinden.
Verantwortung: Bin ich bereit meinen Mund aufzumachen? Weiß ich, wann ich bessser den Mund halten sollte? Kann ich nicht genug in den Mund bekommen? Was kommt mir nur schwer über die Lippen? Möchte ich jemand anderen vielleicht den Mund stopfen oder verbieten? Bin ich ein „mündiger" (mit freiem Mund sprechender) eigenverantwortlicher Bürger? Oder projiziere ich die Verantwortung lieber auf andere durch Schuldzuweisungen? Womit hat mich jemand „mundtot" gemacht? Darf ich ein genießendes „Schleckermäulchen" sein?

MUSKELN

Mögliche Zusammenhänge: Fortbewegung, Kraft, Fortschritt, Handlungsfähigkeit, Beweglichkeit, Flexibilität. Muskel arbeiten immer nach dem rhythmischen Prinzip der Anspannung und Entspannung!
Verantwortung: Macht es mir Spaß meine Muskeln spielen zu lassen? Will ich ein „Muskelprotz" sein, um zu zeigen, wieviel Kraft ich habe? Bin ich zu schlapp, weil mir der Mut zur Anspannung fehlt? Bin ich zu angespannt, weil mir der Mut zum Loslassen fehlt? Bin ich zu steif, weil ich glaube, alles festhalten zu müssen? Welches körperliche oder geistige Training wäre jetzt ideal für mich?

MYOME, ZYSTEN

Mögliche Zusammenhänge: Geschwächtes weibliches Ego, zu wenig Vertrauen in die eigene Kreativität. Sich eine Verletzung des Idealbildes der

Partnerschaft schwer eingestehen können. Manchmal auch unerfüllter (Kinder-)Wunsch.
Verantwortung: Kann ich mir selbst eine „gute Mutter“ (Beschützerin, Freundin) sein? Bin ich auch vollkommen und liebenswert, wenn meine Partnerschaft sich schwierig zeigt, oder gar zerbricht? Welche tiefgehenden Wünsche konnte/wollte ich mir bislang nicht erfüllen?

NACKEN

Mögliche Zusammenhänge: Kraft zur Aufrichtigkeit (Kopf heben), Selbstachtung, Durchsetzungskraft und Hartnäckigkeit. Beweglichkeit und Umsicht. Auch Sensibilisierung für Rücksicht und das, was hinter unserem Rücken geschieht. Intuitives Ahnungsvermögen - es stellt mir die Nackenhaare auf!
Verantwortung: Wer oder was sitzt mir im Nacken?

NÄGEL

Mögliche Zusammenhänge: Selbstschutz, Verteidigung, Aggression, Kampfbereitschaft. (z. B. Rote lackierte Nägel der Frau sagen dem Mann, dass sie bereit ist sich mit ihm zu messen!)
Verantwortung: Bin ich bereit, das Leben als ein spannendes Spiel zu sehen? Wem oder was möchte ich die Krallen zeigen oder die Augen auskratzen?

NÄGELKAUEN

Mögliche Zusammenhänge: Frustration, Furcht vor Kritik, Strafe und Autorität. Unterdrückung der eigenen Aggression. Manchmal Selbstbestrafung, um befürchteter Strafe durch andere zu entgehen.
Verantwortung: Bin ich auch liebenswert, wenn ich nein sage und etwas verweigere, was ich nicht will?

NASE

Mögliche Zusammenhänge: Selbstwahrnehmung und Selbsterkenntnis. Stolz, Zielstrebigkeit (der Nase nachgehen) und Bekenntnis zur sexuellen Eigenart (Duftnote). Instinktive Orientierungsfähigkeit.
Verantwortung: Wen oder was kann ich gut, oder eben nicht gut riechen? Wie gut ist meine Selbstwahrnehmung und Selbsterkenntnis?

NASENBLUTEN

Mögliche Zusammenhänge: Sich unbeachtet oder missachtet fühlen. Die eigenen Lebensziele davonschwimmen lassen. Blutspur als unbewusster Hilfeschrei der Seele.
Verantwortung: Bin ich mir selbst wichtig und wertvoll genug?

NERVEN

Mögliche Zusammenhänge: Kommunikation, Informationsfluss, Verständigung. Wahrnehmung und Erwiderung des Lebenspulses, also den Nerv der Zeit treffen oder fühlen.
Verantwortung: Wer oder was geht mir auf die Nerven? Wofür bin ich jetzt

sensibilisiert? Was will ich nicht wahrzunehmen, was blocke ich ab?

NERVOSITÄT

Mögliche Zusammenhänge: Unruhe, angespannte Erwartungshaltung, Erfolgsdruck.

Verantwortung: Wer oder was hetzt mich? Ich darf dem Fluss des Lebens vertrauen. Alles geschieht zur rechten Zeit!

NIEREN

Mögliche Zusammenhänge: Lebensbewältigung, Aufarbeitung von Enttäuschungen, Kritik, Versagen und Scham. Konflikte in der Partnerschaft. Entgiftung.

Verantwortung: Was darf ich jetzt loslassen? Die Vergangenheit kann ich nicht ändern, meine Einstellung zur Vergangenheit schon! Ich vergebe mir selbst und allen alles. Bin ich bereit mir selbst klaren Wein (klares Lebenswasser) einzuschenken?

ORGASMUS

Mögliche Zusammenhänge: Lebensquelle der Freude annehmen oder ablehnen. Qualität der Zeit-Erfüllung und der Zeit-Befriedigung durch Eintauchen in orgastische Zeit-Losigkeit, also unbeschränktes reines Glücklich-SEIN. Orgasmus ist Hingabe an das eigene Selbst.

Verantwortung: Kann, darf, will ich mich JETZT der Lust und dem Glücklichsein voll Vertrauen hingeben? Wer oder was verhindert meine Hingabe?

RÜCKEN

Mögliche Zusammenhänge: Unterstützung brauchen, sich den Rücken freihalten können von unliebsamen Dingen. Das Leben ertragen lernen, die eigene Lebens(er)haltung finden. Aufrichtigkeit und Charakterstärke bzw. Unaufrichtigkeit und Charaktermängel erkennen lernen. Rücksicht und Unterscheidungsvermögen trainieren. Beweglichkeit und Demut, sich beugen, ohne sich zu verbiegen (krumm machen)

Verantwortung: Kann ich als Ganzes standhalten oder will ich mich „verkrümeln"? (Verkrümeln heisst, sich drücken wollen, eine Aufgabe nicht annehmen, indem man sie in kleine Teile zerbröselt.) Warum krümme oder verbiege ich mich? Welche Form von Unterstützung brauche ich gerade jetzt? Darf ich vertrauen, dass die Weisheit des Universums mich immer unterstützt? Habe ich Angst, es könnte mir jemand in den Rücken fallen?

RHEUMATISMUS

Mögliche Zusammenhänge: Verbitterung, tief sitzender Groll, sich schikaniert fühlen, feuchte und kalte Lebensumstände, zu wenig Wärme, Güte und Mitgefühl - starre Geisteshaltung. Übertriebene Aktivität in der Vergangenheit wird durch Starre und Unbeweglichkeit in der Gegenwart unbewusst korrigiert.

Verantwortung: Wie finde ich das rechte Maß von Beweglichkeit und Ruhe? Erkenne ich, dass Beweglichkeit eine Frage des Bewusstseins ist?

Welche starre Geisteshaltung lähmt (schmerzt, entzündet) meine Gelenke?

SCHIENBEIN

Mögliche Zusammenhänge: Ideale überprüfen müssen, Maßstäbe anlegen oder brechen. Aus Dogmen und Zwängen ausbrechen wollen.

Verantwortung: Bin ich bereit, zu meinem höchsten Wohle und zum höchsten Wohle aller voranzuschreiten? Oder möchte ich jemanden ins Schienbein treten (ein Bein stellen)?

SCHILDDRÜSE

Mögliche Zusammenhänge: Demütigung, sich benachteiligt fühlen, Über- oder Unterfunktion der Selbstregulation im Leben - das bedeutet zu viel oder zu wenig Selbstkontrolle. Ausgleich zwischen Vertrauen in den automatischen Lebensablauf und bewusste Steuerung durch aktive und entscheidungsfreudige Lebensplanung.

Verantwortung: Der Mensch denkt, doch Gott lenkt - bedeutet, ich plane und organisiere mein Leben sorgfältig und darf mich dennoch vertrauensvoll führen lassen.

SCHLAGANFALL

Mögliche Zusammenhänge: Wandlung, tiefgreifende Umgestaltung ablehnen, Lebensflucht schlägt zurück.

Verantwortung: Wovor will ich fliehen? Was will ich nicht sehen? Was schlägt auf mich zurück?

SCHLAFLOSIGKEIT

Mögliche Zusammenhänge: Sicherheit, einen geschützten Schlafplatz und einen regelmäßigen Rhythmus finden. Die Dunkelheit und die Nacht vertrauensvoll annehmen lernen.

Verantwortung: Bin ich bereit, am Abend alles was der Tag mir brachte in Dankbarkeit dem Universum zu übergeben? Bin ich bereit, mich liebevoll in den Frieden eines tiefen Schlafes gleiten zu lassen und auf das Geschenk des neuen Tages zu vertrauen?

SCHNITTWUNDE

Mögliche Zusammenhänge: Ein „einschneidendes Erlebnis" als schmerzliche Bedrohung empfinden, sich selbst bestrafen, Regeln nicht einhalten.

Verantwortung: Bin ich bereit, eine einschneidende Erkenntnis zuzulassen?

SCHWINDEL

Mögliche Zusammenhänge: Angst, das Leben nicht zu bewältigen, Überforderung, Zerstreutheit durch Sorgen oder Realitätsflucht.

Verantwortung: Gönne ich mir genug Ruhe, um meine innere Mitte zu finden? Bin ich bereit, ins Karussell des Lebens einzusteigen und vertrauensvoll mitzuschwingen?

SKELETT

Mögliche Zusammenhänge: Die Struktur des Lebens hinterfragen müssen. Alte Ordnungssysteme verabschieden, neue tragfähige Strukturen aufbauen.

Sorgen, die aus dem Stammbaum, der Familie hochkommen. Lasten nicht länger annehmen wollen oder annehmen können.
Verantwortung: Bin ich gut strukturiert? Wie sicher fühle ich mich in meinem Lebensnetz? Habe ich Angst, dass meine Existenz einbrechen könnte? Wenn ja, warum?

TUMOR

Mögliche Zusammenhänge: Schockerlebnisse nagen oder wuchern unbewusst, Gewissensbisse haben sich festgebohrt, alte Verletzungen wurden nicht ausgeheilt, sondern unter einem Schutzschild (Geschwulst) verborgen.
Verantwortung: Bin ich bereit, Hilfe anzunehmen, um meine Lebenssituation anzusehen? Bin ich bereit, alle vergangenen Erlebnisse liebevoll loszulassen und meinen Blick nach vorne, in die Zukunft zu richten? Erlaube ich dem Universum, dass es auch für mich Heilung und Glück in mein Leben schickt?

UNFALL

Mögliche Zusammenhänge: Vorstellungen von Gewalt im Lebensbild festhalten, sich selbst zu wenig wichtig nehmen (Unfallopfer) oder sich selbst zu wichtig nehmen (Unfallverursacher). Korrektur des Lebensweges.
Verantwortung: Kann ich natürliche Autorität akzeptieren? Schenke ich mir selbst genug Aufmerksamkeit und Liebe? Bin ich rücksichtsvoll zu meiner Mitwelt? Habe ich einen wichtigen Wegweiser auf meinem Lebensweg übersehen?

ÜBELKEIT

Mögliche Zusammenhänge: Unterscheidungsvermögen trainieren müssen, Ablehnung von Ideen, Sichtweisen oder Erfahrungen, die in den eigenen Lebensraum eindringen. Unbewusster Warnmechanismus, der uns zwingt, uns mit etwas auseinanderzusetzen, das wir (zunächst) nicht annehmen wollen.
Verantwortung: Kann ich auf meine gute Wahl vertrauen? Was darf oder soll ich loslassen? Wo muss ich mich abgrenzen? Was sollte ich besser annehmen lernen?

VENEN

Mögliche Zusammenhänge: Stockende Lebensfreude, Festhalten an Schuldzuweisungen, Frustration, uneingestandenes Misserfolgsgefühl.
Verantwortung: Erlaube ich mir Lebensfreude, Heiterkeit und Leichtigkeit? Kann ich mein Leben als wertvolles Geschenk betrachten?

VERBRENNUNGEN

Mögliche Zusammenhänge: Wut, Übermut, Leichtsinn, aufzehrende Umstände, leicht entflammbar sein, zu starkes Feuerelement, zu wenig Geduld und zu wenig Vorsicht, oder auch etwas unbewusst „verbrennen“ wollen.
Verantwortung: Was entflammt mich? Was möchte ich den Flammen übergeben? Ich zähme mein Temperament und hüte meine Glut!

VERDAUUNGSSTÖRUNG

Mögliche Zusammenhänge: Festhalten und Loslassen, Kontrolle und Vertrauen, (Prüfungs-) Ängste und Aufregungen, die Angst, „durchzufallen" oder „stecken zu bleiben". Zu wenig Aufnahmebereitschaft, zuviel oder zu wenig Selbstkontrolle.

Verantwortung: Kann ich meine Erfahrungen gut verdauen? Halte ich zu viel oder zu wenig fest? Kann ich mich selbst akzeptieren und als gut genug empfinden? Bin ich bereit die Essenz aufzunehmen und den unnötigen Ballast abzugeben?

WUNDE

Mögliche Zusammenhänge: Den Schutzpanzer ablegen oder aber mehr Schutz aufbauen müssen. Botschaft der Wunde liegt in der Erkenntnis, dass etwas aus mir heraus will, was nicht gut für mich ist; oder etwas in mich hinein will, wofür ich mich nicht öffnen will. Manchmal bedeutet es auch, die Vergangenheit zu überprüfen oder auch, Angst vor der Zukunft liebevoll verabschieden.

Verantwortung: Was oder wo ist mein wunder Punkt in meinem Leben?

ZÄHNE

Mögliche Zusammenhänge: Durchsetzungskraft, Angst, Entscheidungen treffen zu müssen, Unentschlossenheit, versteckte Agressionen, sich durch Schwierigkeiten durchbeissen und Erfahrungen durchkauen müssen.

Verantwortung: Kann ich mit Freude in den Apfel beißen, den der Tag mir reicht? An welchen Lebensthemen nage ich herum? Was kann oder will ich nicht durchbeißen?

ZEHEN

Mögliche Zusammenhänge: Den Blick ins Detail richten lernen. Zukunftsfragen nicht aus dem Weg gehen. Die Leichtigkeit und die Beweglichkeit im Leben bewahren. Kleine Dinge oder Fortschritte schätzen lernen.

Verantwortung: Bin ich bereit, mit Leichtigkeit und Achtsamkeit ins Detail zu gehen? Wage ich den Fortschritt?

ZUNGE

Mögliche Zusammenhänge: Das Leben auskosten. Die Kostbarkeiten des Lebens erkennen. Genuss am Leben finden.

Verantwortung: Bin ich bereit, das Geschenk des Lebens dankbar anzunehmen?

Glücklich leben und in Frieden sterben

Am schönsten haben es die Reiki-Babys, die jetzt zur Welt kommen. Viele Mütter wenden Reiki bereits während der Schwangerschaft, Geburt und im Säuglingsalter an. Diesen Kindern werden von Anfang an die göttliche Heilschwingung, die kosmische Muttersprache, das Urvertrauen mit auf den Lebensweg gegeben. Die Entwicklung der Babys und Kleinkinder steht dadurch unter einem wunderbar beschützenden Stern. Und da diese Mütter und hoffentlich auch Väter den Reikiweg gehen, können die Kinder in einer Atmosphäre von Liebe, Zuversicht und lichtvoller Schwingung aufwachsen.

Reiki-Hände sind eben eine gute und wunderbare Möglichkeit, Harmonie, Licht und göttliche Heilkraft in unser Leben zu bringen. Wir haben die Chance, glücklich, gesund und sinnerfüllt zu leben. Wir haben die Chance, die „alten Tage" in unserem Leben in geistiger Frische zu genießen und zufrieden zu sterben.Wir sollten vor dem Abschied von dieser Welt keine Angst haben. Das Hinausgehen aus dem Leben ist doch nur ein Hinübergehen! Dahin, wo wir waren, bevor wir gezeugt und geboren wurden. Dahin, wo das ewige Leben uns alle im Kreislauf des Seins einmal hinführt.

Reiki als Sterbehilfe, Reiki-Hände, die liebevoll da sind für einen Sterbenden, verhelfen zu einem sanften und würdevollen Übergang. Ich selbst habe mehrfach Sterbehilfe leisten dürfen und bin sehr dankbar für diese Erfahrung.

Wandlung ist Teil der Lebenserfahrung.

Reiki hilft uns in allen Zeiten der Wandlung:
Im Mutterleib, bei der Geburt, vom Baby zum Kleinkind,
vom Teenager zum Erwachsenen.

Reiki hilft uns beim Übergang in den Ruhestand
und beim Hinübergehen, beim Sterben.

Reiki, ein Leben lang

Um die vielfältigen Möglichkeiten von Reiki zu erfassen, kann dir die Aufbaustufe des zweiten Grades weiterhelfen. Um dich mit dem zweiten Grad vertraut zu machen, habe ich bereits ein eigenes Buch geschrieben:

Intuitives Reiki nach Sensei Mikaomi Usui,
der zweite Grad.
Die Symbole und ihre Anwendungen.

Darin beschreibe ich die vielen Möglichkeiten, die sich durch die Symbolarbeit für uns auftun: Schutz, Reinigung, Transformation, Anhebung von Schwingungen in Räumen, Reiki-Mentaltraining oder die Heilkraft von Fernreiki sind nur einige von vielen Themen, die genau behandelt werden. Die Symbole und die dazugehörigen Mantras werden genannt, beschrieben und auf Meditationstafeln dargestellt.

Intuitives Reiki nach Sensei Mikaomi Usui,
Meistergrad
Licht - Körper - Entwicklung

Dies ist ein Buch für all jene Menschen, die sich durch Reiki in ihrer spirituellen Meisterschaft vertiefen möchten und für jene, die Reiki-Meister und Lehrer werden wollen. Das Meistersymbol ist in einem persönlichen Brief beigelegt.

Unsere Entwicklung als Mensch und Menschheit geht immer weiter, bis wir die Weisheit der kosmische Muttersprache verinnerlicht haben. Reiki heilt uns und führt uns ein Leben lang.

Reiki ist Licht,
Reiki ist Liebe,
Reiki ist Klang, Reiki ist Tanz, Reiki ist Friede.

Reiki hat keinen Anfang, kennt kein Ende,
ist grenzenlos.
Reiki kennt alles im ewigen Sein, beleuchtet jeden Weg,
beantwortet alle Fragen.
Reiki ist unermesslich, unergründlich,
doch greifbar über unsere Hände.
Reiki ist die absolute, unendliche, ewige und dynamische Kraft,
welche die Welt und das ganze Universum regiert.
Reiki ist Liebe, Weisheit und allmächtige Kraft dieses
Einen-und-Höchsten-Wesens,
an das ich glaube.
Gott

Gott ist in dir, Gott ist in mir, Gott ist in allem, ist alles, was ist. Es ist nicht wichtig, welche Namen wir Gott geben. Es ist nicht wichtig, auf welchen Pfaden wir Gott suchen. Wichtig ist, dass wir suchen, vertrauen und glauben. Dann kommt die Hilfe, dann kommt die Heilkraft.

Möge Reiki, die kosmische Muttersprache, dich allezeit sanft und sicher geleiten, auf allen deinen Wegen.

Namasté, das Göttliche in mir grüßt das Göttliche in dir.

Dein Tagebuch

Es ist sehr hilfreich, dir jeden Tag nach deiner Reiki-Behandlung einige Notizen zu machen. Dieser bewusste und achtsame Umgang mit dir selbst fördert dein spirituelles Wachstum.

Als ich in der Schweiz die Kosmologie-Ausbildung begann, zählte das Tagebuch zur wichtigsten Möglichkeit der Selbstbetrachtung. Ich begann es immer mit meinem persönlichen Leitsatz. Formuliere diesen so, dass du nur positive Aussagen verwendest. Hier einige Beispiele:

Auf vollkommene Art und Weise
gehe ich meinen Erfolgsweg, in und für Liebe, Frieden und Harmonie, von Tag zu Tag besser.
Auf vollkommene Art und Weise
verwirkliche ich meinen Lebensplan, erfolgreich.
Ich bin gesund und glücklich.
Wo immer ich bin, strahlt das Licht Gottes für und durch mich.
Ich vertraue vollkommen meiner Intuition und Selbstheilungskraft.

Strebe die Vollkommenheit an. Folge hohen Idcalen. Wer nur materielle Ziele hat, bleibt auf der materiellen Ebene stecken. Wer höheren Idealen folgt, verwirklicht diese auch real in seinem Leben und bekommt an Geld und Besitz, was er braucht. Nachfolgend Tagebuchseiten, die du dir als Vorlage kopieren kannst.

Eigenschaften mit Reiki bewusst stärken:

zum Beispiel:
Selbstvertrauen, Mut,
Zuversicht, Spontanität,
Geduld, Gelassenheit, usw.

Eigenschaften mit Reiki bewusst ändern:

zum Beispiel:
Nervosität, Angst, Zorn, Geiz,
Herrschsucht, Pessimismus,
Stress, usw.

Licht, Liebe und Vollkommenheit wünsche ich heute:

Mein Dankgebet für diesen Tag:

Eigenschaften mit Reiki bewusst stärken:

zum Beispiel:
Selbstvertrauen, Mut,
Zuversicht, Spontanität,
Geduld, Gelassenheit, usw.

Eigenschaften mit Reiki bewusst ändern:

zum Beispiel:
Nervosität, Angst, Zorn, Geiz,
Herrschsucht, Pessimismus,
Stress, usw.

Licht, Liebe und Vollkommenheit wünsche ich heute:

Mein Dankgebet für diesen Tag:

Hanael Bücher mit Seele - *die aus dem Leben erzählen*

www.hanael.at
www.intuitivesReiki.at
www.kuthumi.at
kolland@hanael.at

erweiterte NEUAUFLAGE

Intuitives Reiki *nach Usui Sensei*

DER 1. GRAD, Gesundheit aus deiner Hand

Karin E. J. Kolland

ISBN 978-3-902383-25-9

8. Auflage

Intuitives Reiki *nach Sensei Mikaomi Usui*

DER 2. GRAD, die Symbole
und ihre Anwendungen

Karin E. J. Kolland

ISBN 978-3-900745-0-5

4. Auflage

Intuitives Reiki *nach Sensei Mikaomi Usui*

MEISTERGRAD, Lichtkörperentwicklung

Karin E. J. Kolland

ISBN 978-3900745-2-9

Intuitives Reiki Licht-Management

Vertiefung der Symbolarbeit. Ursprung der Symbole in der heiligen Geometrie und im Mikro-und Makrakosmos werden gezeigt. Für Fortgeschrittene mit hoher Bewusstheit.

Karin E. J. Kolland

ISBN 978-3-902383-09-9

Intuitives Reiki Flügel meines Herzens
Ethik einer Heilkunst
Reiki als Weg der Liebe und Achtsamkeit

Karin E. J. Kolland

ISBN 978-3-902383-23-5

Wenn die Liebe Trauer trägt,
die Hoffnung bewahren
spiritueller Roman

Karin E. J. Kolland

ISBN 978-3-900745-9-8

Im Chi der Mondin,
wenn die Liebe Heilung schenkt
spiritueller Roman

Karin E. J. Kolland

ISBN 978-3-902383-01-3

Die Prophetin von Cassiopeia
spirituelles Essay

Karin E. J. Kolland ISBN 978-3-902383-02-0

(ohne Bild)

Friede sei mit mir
Lichtorden Erzengel Hanael im Dienste der Menschheit
spirituelles Fachbuch über die göttlichen Strahlen für Fortgeschrittene mit hoher Bewusstheit.

Karin E. J. Kolland ISBN 3-902383-08-9

Hanael Engelkarten
80 Karten lemurischer Engel und Erzengel
Die Karten vermitteln Heilkraft und Führung,
tiefgehendes Wissen mit Leitsätzen.
Karin E. J. Kolland
ISBN 3-902383-10-0

Magie der Elemente, Hanael Elementekarten
Die Kraft von Feuer, Wasser, Luft, Äther und Erde
Buch und 45 Karten-Set, spielerische Einführung
in die Magie der Elementarwelt mit vielen Ritualen.
Karin E. J. Kolland &Annemarie Stelzer
ISBN 3-902383-11-9

Das Reiki-Meister Buch
Anthologie Hrsg. F. Doerr mit Beitrag von Karin E. J. Kolland
Windpferdverlag ISBN 978-3893855278

Hanael Bücher mit Seele Verlag: www.hanael.at
Die Bücher sind im Buchhandel erhältlich.
Nutzen Sie gerne auch unseren Internetshop: www.hanael.at
Viele Informationen und Seminartermine von
Frau Kolland finden Sie unter: www.intuitivesReiki.at
Artikel und Videos finden Sie unter: www.kuthumi.at

Beachten Sie bitte auch das Buch
IMPFEN - Das Geschäft mit der Unwissenheit
Dr. Johann Loibner
978-3-200-01725-2
Das Buch kann man unter info@aegis.at bestellen
oder Fax: 0043 3143/2973-4